寝ない子もぐずる子もおまかせ!

カリスマシッターが教える
〝困ったとき〟の

育児ワザ

育児サポートを考える会〔編〕

SE
SHOEISHA

はじめに

子どもや孫と、もっともっと笑顔の時間を増やしたい！ そんなときこそ人気シッターの知恵を借りよう！

子育て中のすべてのご家庭のみなさん、本当に毎日、おつかれさまです。この本を手にとってくださったということはきっと、**お子さんと笑顔で過ごせる時間を増やしたい**という思いが心の中にあるからだと思います。

その思いにこたえるべく、予約のとれない人気シッターに、「子育てがちょっとラクになる考え方」から「神ワザテクニック」、「あそびのネタ」まで、あますことなく聞きました。

毎日子育てに向き合うパパ・ママだけでなく、孫育て世代のじいじ、ばあばにも読んでもらえたらうれしいです。

どんなお子さんでもたちまちニコニコにしてしまうシッターの技は、今日から使えるものばかり。

ぜひご家庭でもお試しあれ！

人気シッターはここがすごい!!

1

どんなお子さんとも なかよくなれる!

人見知り期やイヤイヤ期でごきげんナナメのお子さんも、シッティング終了時には「まだあそびたい」と言うほど。どんなお子さんにも対応できる柔軟性!

2

子どもたちが 喜ぶ

ネタの宝庫! ただお留守番しているだけではなく、楽しく過ごせるためのアイデアが盛りだくさん。おうちの人も罪悪感をまったく抱かずに、心ゆくまで自分の時間を楽しめます♪

3

学びや自立に つながる 働きかけを意識!

シッティング時間が楽しいのはもちろんのこと、お子さんの成長や発達につながる働きかけを意識してシッティングしてくれます。年齢や発達に応じて、一緒にいろいろなことに挑戦します。

4

おうちの人には 見せない一面を 引き出します

いつもは甘えん坊なお子さんも、人気シッターと一緒に過ごすうちに、自信ややる気がみなぎってきます。がんばったことやうれしかったことをおうちの人に報告するキラキラした目が、シッターたちの何よりのごほうびです。

大人気シッターの紹介

逢《おう》坂《さか》航《こう》時《じ》さん

保育士として7年間勤務、0～4歳児クラスまで担任経験があります。音楽が好きで、ギターを15年やっています。歌ったり、踊ったりするのが大好きです。男性ならではのあそびも、お任せください! そのほか、保育園で子どもたちと接しながら身につけたスキルを存分に発揮して、みなさまの大事なお子さまと関わっていきたいです。
水族館が大好きで、池袋サンシャイン水族館の年間パスポートを持っています。水族館でのサポート、お引き受けできます!
元気に、明るく、楽しく、をモットーに共にお子さんの成長を見守らせていただけたらうれしいです!

表《おもて》恵《けい》子《こ》さん

新生児～1歳未満に特に自信を持ってシッティングをしております。保育歴7年7ヶ月。
多くの新生児～12歳のシッティング経験があり、チャイルドマインダー(Level3 BTEC)、離乳食・幼児食コーディネーター、産後ケアリスト2級、チャイルドカウンセラー、ベビーマッサージタッチケアセラピスト、チャイルドアートセラピストなどの資格も保有しています。クリンネスト1級(ハウスキーピング協会)資格も保有しており、シッティング時の家事サポートも喜んでお引き受けいたします。お子さまの年齢に合った絵本(七田式絵本など)を持参した読み聞かせや、離乳食・幼児食の指導も行っています。お子さま一人ひとりに向き合い、お母さまの笑顔のために真心を込めます。

小林《こばやし》あかねさん

保育士として15年勤務。主任、施設長の経験、子育て経験もあり。モンテッソーリの園に長く勤務しておりました。乳児の担任経験が多く、お着替えの練習、1人で食べる練習などお一人おひとりのご成長に合わせて保育させていただくときに、お子さまの「できた!」の笑顔を見るのがとても好きです。 もちろん2歳児以上のお子さんも大好きです。安心・安全を第一に、お子さまの自主性・主体性を大切にします。手先の活動を取り入れ、脳の発達をうながすお手伝いをします。信頼関係を築き、生理的欲求を満たして安心感の中で過ごせるようにしていきます。基本的な生活習慣の習得に向けて達成感を覚え、自己肯定感が得られるような経験をご提供します。

中西《なかにし》貴美子《きみこ》さん

これまでに関わった赤ちゃんは3,000人以上。今も乳児院でのボランティアで週1日赤ちゃんを抱っこしています。子どもは2人。子どもが高校受験のときに娘の英語の教科書を借り、夜間英文経理の学校に通い、外資系金融会社で働くようになりました。孫の小学校入学に合わせて小学校の前にマンションを借り、世田谷区認定の保育ママを始めました。定年を迎えた頃、スーパーで赤ちゃんの泣き声や疲れたママにたびたび出会い、心が痛みました。そこから産後ケアの勉強をして、世田谷区のネウボラサービス提供事業者としてのお仕事を開始。赤ちゃん大好き、人のお世話が大好き。好きなことをして喜んでいただける私の天職と思っています。

日高《ひだか》幸子《ゆきこ》さん

保育歴は25年以上。公立保育園、24時間保育、病院内保育（病児・病後児保育、病棟保育）などを経験してきました。0～6歳の経験が豊富で、特に0～2歳児を多く経験しています。子育て支援センターで相談員としての経験もありますので、お子さまはもちろんお母さまにも安心してお預けしていただけるよう心がけます。おもちゃインストラクターの認定資格もあり、お子さま一人ひとりに合ったおもちゃ選びのお手伝いもさせていただいています。

第1部 大人気シッターがおなやみにお答えします

第1章 ✿ 0〜1歳の育児おなやみ

第2部 もう"間が持たない"とならない！絶対に子どもウケするあそび

第4章 0～1歳のあそび方

第5章 2～3歳のあそび方

第6章 4〜5歳のあそび方

第3部 真似したいヒントが満載！大人気シッターのおしごと拝見

本書内容に関するお問い合わせについて

このたびは翔泳社の書籍をお買い上げいただき、誠にありがとうございます。弊社では、読者の皆様からのお問い合わせに適切に対応させていただくため、以下のガイドラインへのご協力をお願い致しております。下記項目をお読みいただき、手順に従ってお問い合わせください。

●ご質問される前に

弊社Webサイトの「正誤表」をご参照ください。これまでに判明した正誤や追加情報を掲載しています。

正誤表　https://www.shoeisha.co.jp/book/errata/

●ご質問方法

弊社Webサイトの「刊行物Q&A」をご利用ください。

刊行物Q&A　https://www.shoeisha.co.jp/book/qa/

インターネットをご利用でない場合は、FAXまたは郵便にて、下記“翔泳社 愛読者サービスセンター”までお問い合わせください。

電話でのご質問は、お受けしておりません。

●回答について

回答は、ご質問いただいた手段によってご返事申し上げます。ご質問の内容によっては、回答に数日ないしはそれ以上の期間を要する場合があります。

●ご質問に際してのご注意

本書の対象を越えるもの、記述個所を特定されないもの、また読者固有の環境に起因するご質問等にはお答えできませんので、予めご了承ください。

●郵便物送付先およびFAX番号

送付先住所

〒160-0006　東京都新宿区舟町５

FAX番号 03-5362-3818

宛先（株）翔泳社 愛読者サービスセンター

＊本書に記載されたURL等は予告なく変更される場合があります。

＊本書の出版にあたっては正確な記述につとめましたが、著者や出版社などのいずれも、本書の内容に対してなんらかの保証をするものではなく、内容やサンプルに基づくいかなる運用結果に関してもいっさいの責任を負いません。

＊本書に記載されている会社名、製品名はそれぞれ各社の商標および登録商標です。

第1部

大人気シッターがおなやみにお答えします

第1章 0〜1歳の育児おなやみ

家族が増えた喜びでいっぱいの
幸せな時間ですが、
パパやママたちは
その忙しさにてんてこまい。
数時間おきのミルクやオムツ替え、
寝かしつけにヘトヘトになりますよね。
そんなとき、頼りになるのはプロの知恵！
少しでもラクして
笑顔の時間を増やすために、
赤ちゃん期に知っておきたい
大人気シッターの考え方を聞きました。

おなやみ 1

毎日の寝かしつけがうまくいかない。どうしたらスムーズに寝てくれる？

永遠に続くような気がする、夜の寝かしつけ。成長とともに寝てくれるようになるとは聞くけれど……。それより今！　なんとかする方法はないの？

無理に寝かせるのではなく、赤ちゃんが眠くなってきてから寝かしつけるのがポイントです。

たくさん話しかけてあげると赤ちゃんは安心し、心地良くなってきます。話しかけながら手足をマッサージし、体をゴロンゴロンと動かしてあげます。

手足がダランと動かなくなったら、眠くなったサインなので、絵本を読んであげましょう。満足して眠くなってきます。

そうしたら体をトントンしてこもりうたを歌ってあげます。

新生児からこの生活のリズムをつくってあげたら、1ヶ月もすると一人で寝るようになりますよ。

私が寝かしつけをする際は、就寝の30分前くらいから少しずつ部屋を暗くして、こもりうたなどを歌うようにしています。

　そのときは、曲はなんでもいいので、お名前を歌詞に入れて歌うようにします。安心するのか、体の力が抜けていきます。

　体のどこをトントンされるのが好きかはお子さんによってちがうので、いろいろな場所を試しながら「トントンすると眠くなるパーツ」を探せるとあとがラク！　だいたい10分で入眠します。寝たかな？　と思っても、30分くらいはそばにいることが多いです。

こればっかりは個人差ですよね。保育士時代に0歳児の担任をしましたが、その子の個性によって、本当にさまざまです。
　まずは、オムツの交換が必要ではないか、部屋が明るすぎるのではないか、空腹なのではないかなど、眠れない原因がないかをひと通り確認します。
　いろいろ試してみて、それでも寝てくれないようなら、あまり気負いすぎないで。
「この子はこういうタイプだから仕方がない」というあきらめも肝心かもしれません。

おなやみ 2

何をしても効果なし！ 赤ちゃんを泣きやませるテクを教えて！

抱っこもおんぶも逆効果？ まだ言葉も伝わらないから、何をしてあげたらいいのかわからない。一度泣き出すとなかなか泣きやまず、1日一緒に過ごすとヘトヘトです。

まずは不快な原因がないかを確認しましょう。オムツ、温度、空腹、眠気、どれか一つでもいやだと赤ちゃんは泣いて伝えようとします。

全部チェックした上で問題ないようであれば、**親子ともに落ち着ける**ように、抱っこやおんぶなどスキンシップを試してみてください。

無理に泣きやませようとすると、よけいパニックになるので、まずは大人がゆったりとした気持ちでかまえること。オムツや授乳時間などを確認して問題ないようなら、鏡あそび（65ページ）やおうち探検（67ページ）などを試して、**意識を別の方向に向ける**ようにします。

泣きやまなくて困る前に、泣かないようにしてあげるのがコツです。

赤ちゃんが目を覚ましたらすぐに、「○○ちゃん、おはよう」と声をかけて安心させ、抱っこします。

新生児はたいていお腹がすいて起きるので、すぐに授乳します。

赤ちゃんが目を覚ましても家事などを続けていて、泣いたらあわてて抱っこする、というのは避けたいです。赤ちゃんは本当に頭がいいので、泣いたら抱っこしてくれると学習してしまいます。

新米のパパやママは慣れなくて泣かせてしまうこともありますが、慣れてきたら大丈夫！

時間や体調などによって、どうしても泣きやみにくいときはあります。「たそがれ泣き」という言葉だってあるくらいですから。

いろんなことを試しても泣きやまない場合は、「そうかぁ、泣きたいときもあるよね」と考えて様子を見ます。

抱っこの向きなどを変えてみたりもしますが、落ち着くまで離れてみることも。その場合も、少し離れたところから声をかけるなどして、「見ているよ」というメッセージは伝えるようにします。「悲しいよね」「うんうん」など、私も一緒にしゃべっていることが多いです（笑）。

おなやみ3

毎日のオムツ替えが大変。ラクする方法を教えて！

オムツ替えは毎日のこと。寝返りできるようになると、抵抗されて大変。シッターならではの工夫を知って、もっとスムーズにできたらいいな♪

いきなりオムツを交換するのではなく、「おしっこ出ているよ」「うんち出たね」など声をかけ、次に何をするのか伝えることが大切です。

個人差はありますが、7ヶ月くらいまではあお向けに寝ていてくれるので、**おもちゃを渡して、手であそんでいる間にオムツをさっと替える**ことが多いですね。モビールやメリーの下で替えるようにしたりも。

ハイハイ、あんよができるようになってからは、やっていることをさえぎられたくなかったりするので、**オムツの棚やカゴをつくって「とってきてくれる？」と聞いてみます。**

やりたい、できた！　という喜びを感じてもらいたいですね。

「おしっこやうんちがついたままだとかゆくなっちゃうよね」「赤くなってお医者さんに行かなくちゃいけなくなるかも」とお話します。

小さい頃からそう話していると、そういうものだと納得するのか、すぐに交換させてくれるようになりますよ。

たっちができるようになったら、**立ったままとり替える習慣をつけておくと外出時などもラク。**
寝かせたまま交換するときは、おもちゃを渡したり、プルルルルと口を震わせたり変顔をしたりして、気を引きながらとり替えることも多いです。

寝返りできるようになったらスピード勝負なので、必要なものを手元に準備し、お気に入りのおもちゃを持たせて、すばやく交換。
たっちできるようになったら、パンツ型のオムツにして、立ったまま替えます。うんちのときは、交換したオムツを見せ、**さわらせないようにしながら臭いをかがせると、本人はびっくり。**
「うんち、くさいくさい、ばっちいばっちいだね」と教えて、きれいになったら「うんち、きれい、きれいになったね」と。
繰り返すうちにオムツの汚れを不快と感じ、抵抗しなくなります。

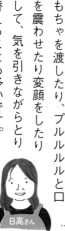

おなやみ 4

「乳幼児期から言葉がけを」と言われるけれど、何を話せばいい？

心と知能の発育のためには赤ちゃんの頃から言葉がけを、と聞くけれど。赤ちゃんはかわいくてしかたない、でももちろんまだ話せないし、すぐにネタ切れしてしまう……。

退院したての赤ちゃんでも、名前を呼んで話しかけてあげましょう。

抱っこしながらお部屋を散歩し、「葉っぱ、ゆらゆら」と観葉植物をさわらせたり、「冷蔵庫、トントン」と叩いて音を聞かせてあげても。

ぽかんとしていても、頭の中に回線ができ、いずれつながっていきます。

私はとにかく、しゃべりっぱなし！　お子さんの視点に立って、視線の先にあるものや、興味がありそうなものについて話します。

そして赤ちゃん言葉はできるだけ使わないようにします。いつかは大人と同じ言葉を使うことになるのですから、正しい言葉で語りかけます。

言葉も大事ですが、私は何よりもまず**「笑顔で接すること」**を大切にしています。

その上で、新生児だとおしゃべりはまだできないので、「オムツを替えるね」「ミルクを飲もうね」など、私の行動を口にしていることが多いですね。

そして、そこに「大好きだよ～」「あいしてるよ～」と、**気持ちを乗せていきます**。

ほかにも、「お外は気持ち良さそうね」「救急車が通ったね」など、**見えているものや聞こえた音などについてお話しする**ことも多いです。

特に何を話すか決めているわけではないですが、**1日の予定や、これから何をするか**などを積極的に話していますね。

これは、新生児からもっと大きい子まで、ずっと心がけたいことです。先を見通せるようになることで安心できるし、信頼関係をつくることにもつながります。

それから、お子さんが**何かを感じたり発見したりしたときに、言語化するのを手伝ったり、言い換えてあげたりすることも意識**しています。「くやしかったんだね」など感情に寄り添ったり、「小さい虫だね」など見つけたものについて話したりします。

おなやみ 5

人見知りが始まった？ 祖父母やシッターに受け渡すコツは？

今日は仕事の都合で、子どもを預かってもらう日。こんなときに限って人見知り全開、預ける相手もオロオロ……。人気シッターたちなら、どう対応する？

人見知りは、子どもの発達においてとても大切な過程。たとえ泣いてしまっても、無理に泣きやませようとする必要はないと思います。

預かってもらう人と楽しく話している様子を見せましょう。「この人はお母さんとなかよしなんだ」と理解できれば、安心してくれます。

赤ちゃんでも、ママやパパの話をよく聞いています。シッティングのときには、お子さんを抱きしめて目を見て「必ず帰ってくるからね」と声がけをしてもらいます。

おうちの人がその場を離れるときには、きちんと説明することを繰り返せば、信頼関係が生まれます。

人見知りの始まった子には、無理に話しかけたりあやしたりしません。赤ちゃんの顔は見ないようにして、**ママやパパと楽しそうにお話しさせていただきます。**

または、ぬいぐるみやお人形を相手に楽しそうにお話ししたり歌ったり踊ったりしていると、**5分もすると赤ちゃんのほうから「自分を見て」とアピールしてきます。**

そのまま気づかないふりをしてお人形相手に楽しそうにしていると、赤ちゃんが私とお人形の間に入ってきます。そうしたら**ニコニコ笑顔で「○○ちゃん」と声をかけて、仲間に入れてあげます（笑）。**

大人からアプローチするより、**お子さんのほうから近づいてきてくれる環境をつくる**のがポイントですね。

たとえば、初めてご訪問したときにお子さんが泣いてしまった場合は、私はこちらから無理に近づくことはしません。お子さんはその時点で心を閉ざしてしまいます。

私が歌を歌ったり、持参したぬいぐるみやおもちゃなどであそんだりしながら待っていると、安心できる人だとわかって、**こちらに興味を持ってくれるタイミングが訪れます。**

そうしたら「一緒にやってみる？」と声をかけると、少しずつ警戒を解いてくれます。

おなやみ
6

環境が変わるとミルクを飲まない！ そんなときの対応は？

無事に子どもとバイバイできて、ホッとしたのもつかの間、ミルクを飲んでくれない、と助けてコール。いつもとちがう環境だから？　どうすれば？

完全母乳でも、搾乳した母乳を哺乳瓶で飲む練習をしておくと、いざというときにいいかも。特に離乳食前の子は空腹をがまんできません。

まずあそんだりお散歩したりしてお腹がすいたのを忘れさせ、眠くなってきたら哺乳瓶をお口に入れたり出したりします。すると、うとうとしながら飲み始めたりします。

ある赤ちゃんの場合は、ずらりと並べたぬいぐるみに哺乳瓶で順番に飲ませる真似をしたことも。赤ちゃんの番が来てもパスして次のぬいぐるみに飲ませる、ということを繰り返していると、自分の番になったら「もう離さないぞ」という感じで飲み始めてくれました。

お子さんによってさまざまですが、哺乳瓶自体がいやなわけではなく、いつもとちがう人に緊張していたり、お腹がすいていないから飲まない、ということもあります。

なので、一概には言えないのですが、私の場合は、無理に飲ませることはしません。コップで試したりすることもありますが、お子さんに合わせます。

その日の活動量やオムツの様子を確認して、まだあまりお腹がすいていないのかな、と思ったら少し時間をおいて、あとでまた試してみてもいいかもしれません。

ミルクの時間にとらわれすぎなくても大丈夫、というくらいの気持ちでいられるといいのですが、**夏場などは脱水症状も気になるので、スプーンやコップを試してみます。**

哺乳瓶が苦手なお子さんもいます。**いやがっているのに無理に口に突っ込んでも、もっといやがるだけですよね。**

まずはその日に摂取したミルクの全体量を見ます。すでに離乳食が始まっているお子さんの場合は、離乳食やおやつを出して様子を見ることも多いです。

おなやみ 7

ハイハイするようになり後追いが加速。家事も仕事も、トイレすら無理！

「ずっとそばにいてほしい」と思ってもらえるのはうれしいけれど、ちょっとでも姿が見えないと大泣きされてヘトヘト。パパやほかの大人も困り顔……。

いつも一緒にいるママやパパが見えなくなると泣いてしまうのは、ある意味当たり前。周囲の大人がオロオロするとお子さんもヒートアップし、お互いに疲れてしまいます。

少しの時間、放っておいてみることも大切です。ベビーガードなどを活用して、窓や戸の施錠、キッチンなどに入れないような配慮を確認した上で、「今から○○をするから、待っていてね」と伝えて家事などに着手。それで泣いてしまっても、「悲しいのね、泣いていいのよ」と声をかけて見守りつつ用事をすませます。

ほとんどのお子さんが、ひとしきり泣いたあとでスッキリした顔であそび始めますよ。

後追いがいつもよりひどい場合には、**思い切ってお散歩に出かけるなど、気分転換すると落ち着くかも。**

　短い時間でもいいので楽しくあそんで、必要ならば水分補給やお食事、おやつでひと息つく。**生理的欲求が満たされると、心が安定することも多いです。**

「パパやママがいなくなる」という状況などを不安に感じてしまうのは自然なこと。まるごと受けとめてあげることで「わかってくれた」という安心につながっていくように思います。

　そうして本人が満たされると、一人であそび始めることも多くなっていきます。

後追いしてしまうのは、その人を信頼している証しです。離れる前に、「すぐ戻るからね」と声をかけ、戻ったら「おまたせ」と言葉にする。
　待っていれば戻ってくるということを、繰り返し体験できるといいと思います。

　トイレに行きたいときは、まずお気に入りのおもちゃで一緒にあそびます。ご機嫌になったら、声をかけたり歌ったりしながらその場を離れていきましょう。トイレの中からも名前を呼んだり大きな明るい声で歌ってあげると、安心して少しの間は待ってくれます。

おなやみ 8

そろそろ離乳食を進めたいけれど、なかなか食べてくれない！

早ければ5～6ヶ月頃から始める離乳食。せっかく張り切って準備したというのに、全然食べる気配がないんだけど、どうすればいいの？

離乳食を始める頃になったら、食卓に一緒に座らせてあげましょう。パパとママが「いただきます」と言って大きな口を開け、「アーン」と言って食べて、「おいしいおいしい」とほっぺをポンポンしてみせます。

それを見てよだれが出るようになったら、離乳食の開始です。

なんとなく気分が乗らないだけ、みたいなときには「ひと口だけ食べてみましょう♪」と言ってお口に入れておしまい、でもいいと思います。

歯の生え始めは、微妙な食感や温度のちがいだけで食べなくなることもあるので、あせらず長い目でゆっくり取り組みましょう。

離乳食を始めた頃の子のシッティングにうかがう際は、旨味を知ってもらうために**かつおぶしと昆布でとったお出汁を持参します。**

市販の出汁パックなどでもかまいませんが、購入するときは塩分無添加のものを選ぶようにしてくださいね。

無理せず楽しく食べることを意識すれば食べるのが好きになります。

量は気にせず**「形・食器・味に慣れる」ことを目標にするといいですよ。**1回食べなくても、このどれかが変わると食べてくれる場合もあります。

お子さんによっては、味や舌ざわりが合わず、食べてくれない場合もあります。

そういうときは、無理に食べさせようとするのではなく、ひと口でも「食べられた」ということを喜ぶようにしたいですね。はじめは、食べるのは楽しいと思えること、味を知っていくことが大切です。

離乳食のレシピなどに書いてある量は、もしかしたら少し多いかも。食べられる量には個人差があるので、あせらず、お子さんのペースで進めてあげるのがいいと思います。

離乳食作りに疲れたときは、ベビーフードや市販のものをうまく使いましょう。

おなやみ 9

まだ早いとは思いつつ……。食事のマナーはどうやって教える？

離乳食が始まって、ごはんの食べ方が気になるように。食卓でのしつけはしっかりやりたいけれど、いつからどうやって始めればいい？

新生児の頃から、ミルクを飲む前にえりもとにガーゼをあてて「いただきます」、飲んだあとはそのガーゼでお口をふいて「ごちそうさまでした」と。この繰り返しが大切です。

離乳食を始めたら、まずは**イス**に**お座りしないと食べられないと教えます**。立ち上がってしまうようなら、「いやいや」と首を振ります。

それでも最初は立ったりテーブルによじのぼったりするので、「**お座りトン」と言って座らせます**。「お座り」だけだときつい言い方になりますが、「トン」をつけると優しく聞こえます。ちゃんとお座りできるようになるには、最初が肝心です。

一人で上手に食べられるようにな

るには、コツがあります。

　離乳食を始めて上手にもぐもぐごっくんができるようになり、スプーンを持ちたがるようになったら、次のように順番に教えていきます。

①ジャガイモや大根などの**野菜を歯茎でつぶせる硬さにゆで、1センチ弱四方に切って、テーブルに1つのせてあげます**。それを自分で手でつまみ、お口に入れてもぐもぐ。ごっくんしたら、もう1つテーブルにのせてあげます。

②手で上手にお口に入れられるようになったら、次は**フォーク**に**野菜を刺して**、「**はいどうぞ**」と**フォーク**を持たせてあげます。

③フォークでお口に入れられるようになったら、フォークを持たせて自分で刺せるように教えてあげます。**最初は一緒に持って、野菜を刺すときに「ぎゅっ」と声をかけます。**

④それができるようになったら、スプーンの練習です。すくいやすいように、**側面が90度に近いカップに、スープをかけたごはんを入れます。**一緒にすくってお口に入れるように教えてあげます。

　上手にできたら、「じょうずじょうず」とパチパチしてあげましょう。たくさん褒めてあげると、食べることが楽しくなりますよ。

おなやみ10

生活のリズムや習慣って、いつから意識したほうがいい？

昼夜逆転が当たり前だった新生児期。生活のリズムや習慣のことなんて、なかなか考えられないけれど、いつ頃から整えていくべき？

赤ちゃんが退院した日から、新しいおうちでのリズムをつくってあげるといいと思います。

起きている間は、話しかけたり、歌ったり、マッサージしたり、絵本を読んだり、たくさん関わってあげます。そして眠くなったらねんねモードにしていく。それを繰り返すと生活リズムができていきます。

お片づけの習慣も、早いうちから意識することで身につきます。

おもちゃであそんだら、「おかたづけ、おかたづけ♪」とリズムをとって手を叩き、1つずつおもちゃ箱にポン！　おうちの人と一緒にあそびの延長でやれば、片づけるのが楽しくなりますよ。

赤ちゃんの頃から生活にルーティンをつくっておくと、歯磨きやお風呂、着替え、寝かしつけなどがスムーズに進められるようになります。そうすると、親もちょっとラクできるようになりますよね。

「ねんねトレーニング」なども提唱されていますが、**特別なことをしなくても、毎日同じリズムで過ごしているご家庭のお子さんは、比較的スムーズに眠ってくれるように思います。**

大人が早く寝てほしいときだけ絵本を読んでも……たぶんそういうときに限って寝ませんね（笑）。

シッティングの際、お部屋やご家族の様子を見ると、いろいろなことがわかります。

毎日があわただしくて大変だとは思いますが、自分のことを自分でできるようにするためには、お子さんが小さなうちから、**まずは周囲の大人が生活習慣や食事の習慣を見直しましょう。**

ものを大切にしないおうちほど、同じようなおもちゃが散乱していて、足の踏み場もないような状態だったりします。

言葉づかいも同様。おうちの人の話し方を、お子さんはしっかりと学んでいます。

第2章

2〜3歳の育児おなやみ

少しずつコミュニケーションが
とれるようになってうれしい反面、
「自分でやりたい！」
「こうじゃなきゃイヤ！」が増え、
おうちの人のおなやみも増えてきます。
１人でできることを少しずつ増やして
生活習慣も整えていきたい時期ですが、
なかなか思い通りにいかないもの。
どれだけやんちゃなお子さんにも、
怒らず、あわてず、振り回されない。
大人気シッターがどのように考え、
対応しているのか聞きました。

おなやみ 1

イヤイヤがひどくて大人もイライラ。どうしたら穏やかに過ごせる？

誰もが通る道、と言うけれど……。想像以上に疲れるこの時期。できれば親子で落ち着いて、笑顔で過ごしたい。「もう無理！」となってしまう前にどうすればいい？

2歳くらいのお子さんだと、泣いているうちに自分でもなぜ泣いているのか、わからなくなってしまうことも少なくありません。

原因がはっきりしていればとりのぞいてあげますが、個人的に**イヤイヤ期に深追いは不要**だと考えています。

お子さんに伝えることとして、僕は「自分と他人を両方大切にする」「人の気持ちを考える」の2つを徹底していて、それ以外のことは受け流すことも多いですね。

もちろん信頼関係ができていることが前提ですし、泣いていたらスキンシップなどで落ち着かせることはしますが、過剰に反応はしない場合が多いです。

2歳前後は、答えがイエスでもノーでも泣いたりいやがったり。でも、それは正常な発達の過程の一つ。大人がイライラして子どもに怒ったとしても何も変わりません。

とはいえ、どうしてもがまんできない！　というときもあるもの。私はそういうときは次の方法を試すようにしています。

①鏡で自分の顔を見る
②ぬるま湯と石けんで手を洗う

「ダメ！」「いいかげんにして！」と怒鳴って一時は収まっても、本人はただ怖がっているだけ。大人が冷静さを失わないようにしたいですね。

「自分の予定通り過ごしたい」「とにかく自分の用事をすませたい」などと思うと、思い通りにならないことにイライラしてしまうので、まずはお子さんをコントロールしようという気持ちを捨てること。**「ま、いっか」の割合を増やすように心がけましょう（笑）**。

大人がラクになるだけでなく、お子さんの心にも「ありのままを受け入れてくれた」といううれしさが染み込んでいくはずです。

「今日はがんばったな」という日はコンビニでスイーツを買うなど、自分のケアも大切です！

おなやみ 2

子どもがいやがるので、毎日の歯磨きタイムが大変。

虫歯になってしまってはかわいそうだし、毎日がんばって磨いてあげているけれど……。でも、磨かせてくれないどころか、口も開けてくれない！

子ども用の歯ブラシを小さいときから持たせて慣れさせておきます。

いきなり磨くのではなく、まず口をゆすがせるのがポイント。一緒にすることもあります。「上手ね～」「すごいじゃない！」と褒めながら見ていると、その流れで仕上げ磨きもさせてくれるようになります。

一緒に虫歯予防のポスターなどを見て、「バイ菌さんがお口の中にいるよ～」と言ってみるといいかも。

あとは好きなものと組み合わせる。キャラグッズを活用するほか、たとえば数字の好きなお子さんに、50までの数を数えながら磨いてあげたら喜ばれたこともあります。

最近は、噛めるタイプの歯ブラシなど、いろいろな種類があるので、歯が生えてくる頃から慣れておくのもおすすめです。

シッティングで歯磨きぎらいの子がいたら、ぬいぐるみを並べてまずぬいぐるみの歯を磨きます。「それじゃあ最後に○○ちゃん！」と言うと、ウキウキしながら口を開いてくれることも多いです。

2歳くらいからは、歯ブラシで磨いただけではとりきれない汚れも多いので、ぶくぶくうがいを一緒に練習して、上手にできたら褒めてあげるのも大事だと思います。

まだ歯が生えていないときから、パパとママが楽しそうに歯磨きをしているところを抱っこして見せましょう。歯が生えてくるまでに歯磨きに興味を持たせておくのがコツです。

歯が生えてきたら、かわいい歯ブラシを見せて、「これは○○ちゃんのね」「これはママのね」と言って、一緒に並んで磨きます。とても喜んで歯ブラシをお口に入れます。

いやがって泣いているのを押さえつけて磨くと、歯磨きがきらいになってしまうのでやめましょう。上手にできるようになるまでは、食後にお水やお湯を飲ませ、お口の中をきれいにする習慣をつけるといいですね。

おなやみ 3

どうすれば就寝時間に寝てくれる？

夕食後、用事を片づけたりバタバタしていると、あっという間に遅い時間に。
シッターは、どうやって決まった時間に寝かせているの？

お風呂に入ったらパジャマを着て、トイレをすませたらベッドへ直行！　など、**毎日の流れを決めておくと、多少は寝かしつけがラクに。**

時間になったら部屋を暗くして「静かにしましょう」と伝えます。**「まだ寝たくない」「もっとあそびたい」とどんなに言われても、あくまでスルー。**あきらめさせるのも大事かな（笑）。

寝る前に、興奮してしまう要素がないか確認しておくといいかもしれません。

いつもは眠れているのにその日だけ眠れない、ということなら、**その日の運動量を考えてみます。**

まだ元気が余ってるんだなと思う日は、少しくらい長く起きていても大丈夫です。

おなやみ 4

わが子のお風呂ぎらいが直らない！

**声をかけてもなかなかお風呂に入ろうとしない！
いつも無理やり服を脱がせてお風呂に入れているけれど、
何か良い方法はないものかしら？**

お風呂がきらいというより、お部屋にいたい気持ち、まだあそびたい気持ちの切り替えが難しいのかも。「これが終わったらお風呂に入ろう」などと声をかけてあげると、だんだん予想できるようになります。

一緒に時計を見ながら、あとどれくらいでお風呂の時間なのか、見通しを持って伝えられるといいですね。

お風呂に入ってしまえば気持ちいいので（笑）、入るまでをどれだけスムーズにするかですね。ルーティンを決めて、その通りに過ごすようにすれば、比較的スムーズに入ってくれるかもしれません。

お風呂の時間を決めていないなら、「夜ごはんのあとにお風呂」などと順番を決めて毎日続けてみては？

おなやみ
5

おもちゃを買ってもすぐ飽きちゃう！

いろんなあそびにふれてもらいたいので、本人が興味を持ったおもちゃは、買ってあげたい。でも、すぐに飽きてしまってなんだかガッカリ。

たくさんのおもちゃに囲まれていると、一つひとつを大切にしなくなります。1つのおもちゃでいろんなあそび方ができることに気づくと、工夫することで発想力が育ちます。

あるご家庭では、おもちゃの数を決めておき、それ以上は「1つ買ったら1つ捨てる（譲る）」というルールをつくっていましたね。

保育ママ時代、おもちゃは3つのバケツに入れて保管していました。子どもたちは1週間、1つのバケツのおもちゃだけであそびます。数が限られていると、工夫してあそぶように。

1週間後、別のバケツを出すと、まるで新たに買ってもらったみたいに大喜び！　お子さんの発達に合わせて中身を入れ替えるといいと思います。

おなやみ 6

テレビを見たがって止められない……。

周りの大人の影響で、子どももテレビが大好きに。時間を決めても「まだ見たい」と大泣き。静かにしていてくれるので、つい許しちゃうけど……。

テレビや動画サイトは、おうちの方から「これを見せて」とリクエストがない限り、見せません。

それでもどうしても見たがるお子さんの場合は、**できるだけ別のことに注意をそらすようにします**。

「私、このおうちのテレビの使い方がわからないの」と言って、こっそり電源を抜いておくことも(笑)。

テレビや動画サイトは時としてママの味方になってくれますが、見せないとかんしゃくを起こす子も見受けられます。

ゼロにする必要はないと思いますが、中毒のようになるのは考えもの。適度なところで切り上げて、ほかのあそびを提案したり、散歩に行ったり、と気分転換することで上手につき合っていけるといいですね。

第3章

4～5歳の育児おなやみ

ついこの間生まれてきたばかりだと
思っていたのに、いつの間にか
たくましく成長したわが子。
大人と同じような受け答えをしたかと
思えば、まだまだ甘えたい表情も見せ、
時にはそんな様子にイライラしてしまうことも。
でも、よ～く観察すると、
周囲の人の気持ちを理解しようとしてみたり、
自分なりに工夫を重ねたりと、
一生懸命がんばっているんですよね。
そんな時期の子育てをめいっぱい
楽しむためのアドバイスを、
大人気シッターに聞きました。

おなやみ 1

休日の過ごし方がマンネリになりがち。親子でもっとお休みを楽しみたい！

平日は仕事をしている分、週末は子どもにとことんつき合いたい。でも、あそびに行く場所や内容がワンパターン。シッターは、どうやって子どもを毎回楽しませているの？

私なら「今日は何してあそぶ？」と聞いちゃいますね。ある程度の年齢になると自分でやりたいことも出てくるので、可能な範囲で尊重します。

話題のテーマパークに行くことよりも、1日を笑顔で過ごせることのほうが大切！

計画を立てずに、そのときの気分で動く日があってもいいのでは？

以前シッティングで「六本木ヒルズに行きたい」という小学生の男の子と、目的なしに3時間歩いたことがありました（笑）。あえて目的を決めないことで新しい発見がいろいろあって、楽しかったですよ。

私たちは仕事なのですべてお子さんのペースや希望に合わせますが、張り切りすぎなくてもいいと思います。

いつもお子さんに合わせるだけでなく、大人が楽しめることや行きたい場所、食べたいものを優先する日があってもいいと思います。

たまには、シッティングを利用してご夫婦でデートするのも大切な時間だと思います。お子さんも思いっきりあそべます。そして夜は、家族で笑顔でゆったりする。

「仕事をしているから休日くらいは」という気持ちも痛いほどわかりますが、ご自身のケアにも時間を使ってあげてくださいね。

サポートを必要としているのに放置したり無視したりするのは論外ですが、**「かまいすぎない」というのも大切な視点**。

大人が一人の時間を欲するのと同じように、お子さんにも一人であそびたいときもあります。

親がリードしようと考えすぎるとお互いに疲れてしまったりします。折にふれて、**お子さん自身が何がやりたいのか**、希望を聞いてあげましょう。

どんなにささやかなことでも「そうしよっか」と受け入れてあげれば、お子さんにとって幸せな時間になります。

おなやみ 2

いつも同じようなことで叱ってばかり……。シッターはどんな風に伝える？

子どもの直してほしい点ややめてほしいことばかりが目について、わかってくれない子どもにイライラして……。つい声が大きくなってしまうことも。

注意せざるを得ない場面では、理由や結果を伝えるようにしています。「○○だから、やめてほしい」「これをすると○○になるよね」という感じで。あまりグチグチ言ってもいやな気持ちになるだけなので、サラッと伝えますね。

叱るというより、良いことと悪いことをはっきりと伝えるのが大事だと思います。

お子さんの自主性に任せるだけでなく、おうちの人が日頃から大人同士でもきちんと話し合いをする姿勢を見せていると、すんなり聞き入れてくれるかも。

基本的に、強い口調で言わないように気をつけています。強く言っても怖がらせるだけです。

大きな声で何かを言うのは、お子さんの安全に関わるようなときだけ。

たとえば、道で走り出してしまったとき、「危ない」と思ったら大きな声を出しますが、これは周囲の大人に気づいてもらうという目的もあります。

「これは良くないな」と思ったら、落ち着かせてから「今のは良くないと思うよ」「どうなっちゃうと思う?」「どんな気持ちになるかな?」など、一緒に考えさせるように話します。

叱るというよりもお子さんが考える時間をつくる、というイメージでお話をします。

最初から「ダメ」と言ってしまうとそこで終わってしまうので、**「どうしたの?」とまずは聞いてみる。**

お子さんの気持ちも尊重しながら、「私はこうしてもらえると助かるな」「こうしてくれるとママもうれしいんじゃないかな」と、あくまでもこちらからのリクエストとして提案してみる。

それが受け入れられなくても、否定はしません。でも、行動を変えてくれたら、**「ありがとう」と言います。**その繰り返しですね。

おなやみ 3

たくさん褒めたいけれど、いつも褒め方がワンパターンに。

良いところをたくさん伝えてあげたいけれど、つい「すごいね」「えらいね」の繰り返しに。もっとレパートリーを増やしたい!

「結果」よりも「プロセス」を褒めるようにしています。「転んでも最後までがんばってえらかった!」「持ってきてくれてうれしかった」「いろんな色を見つけたね」など。

褒めるのが苦手な人は行動を一つひとつ、全部褒めてあげるくらいでちょうどいいかも!

お子さんが自分なりにがんばったことは、小さなことでも必ず褒めます。

いやだったけどがまんして乗り越えたことや、自分の力で泣きやんだことなど。「ちゃんと見てたよ」「うれしかった」「すごい!」「すてき!」などと伝えるようにしています。

褒めるときはオーバーリアクションに、叱るときはあっさりと。これが僕のスタンスです。

シッティングのときには「シッターと子ども」の関係というより、「なかよしのお兄ちゃんがあそびに来た」という感覚を大事にしています。

そのため「よっ、元気にしてた？」みたいな話し方もよくします。褒めるときもその延長で「えぇっ、やるじゃん！」とか「すごいじゃん（笑）」とか。

あまり上から褒めるような感じになってしまわないようにしています。

私はシッティング中、ず～っとお話ししていますが、なんでも褒めますね。「あら、そんなこともできるの」「ありがとう！」「すてきね～」「私もそれ好きよ～」など、お子さんの行動をまずはなんでも一度、受けとめます。

大人は「こうすると良くなる」というアイデアを思いつきますが、最初からそれを言うのはガマン。

まずは受けとめたあと、お子さんがなやんでいるなら、ヒントをそっと伝えます。お子さんは自分で気づいて世界を広げていく力があるので、それをお手伝いしています。

おなやみ 4

乱暴な言葉づかいが気になる！

幼稚園や公園などで年上のお友だちができるにつれ、乱暴な言葉を覚えてくるように。注意すると調子に乗って何度も同じことを繰り返したりも……。

良いことと悪いことの区別がついている年齢なら、「私は◯◯だと思うけど、どう思う？」「その言い方は悲しいな」と何度も伝えます。

頭ごなしに叱るのではなく、「どうしてそう言っちゃったの？」「どう言えばよかったかな？」と聞いてみるのも大切。自分で気がつくようなプロセスを重視しています。

僕の場合、相手が子どもでも一人の人間として向き合います。「その言い方は傷つくよ」「それって本当に君が言いたかったことなの？」と。

ふざけて言っているだけなら、「あ、そう」と放っておきますね。気を引きたいだけの場合も多いので、あまり過剰に反応しないことも大事だと思います。

おなやみ 5

ママとパパでルールは統一すべき？

夫婦で良い・悪いの境界線がちがうので、いつもケンカになります。ルールや教育方針は徹底したほうがいい？

いろいろな考え方があると思いますが、僕は、**人によって「良い・悪いの判断がちがう」ということ自体が子どもにとって学びになる**と思っているので、無理にすべてを合わせる必要はないと思います。

たとえば家族の中でも、ママにはダメと言われたからパパに聞いてみようとか、おうちで買ってもらえないお菓子をおじいちゃんが買ってくれたとか、よくありますよね。

そうした一つひとつが社会の縮図。危険なあそびをさせない、アレルギー対策に気をつける、といった子どもの安全に関わる基本的な部分が共有できているなら、「細かいルールは人によってちがう」という考え方でもいいのではないでしょうか。

大人気シッターに聞く！①

真似したいおうちのインテリア

日々、たくさんの家庭でシッティングしている人気シッターたち。
中には、シッターもうなってしまうような、
お子さんのための工夫をしている家庭があるそうです。

✿広い家よりも大事なこと

子どもが生まれたら、広い家に引っ越したい！　思い切り走り回ったり、たくさんあそべるスペースを用意してあげたい。そんな親御さんの気持ちはよく理解できます。

しかし人気シッターによると、「広いか狭いかは関係なく、自由にあそべる自分のスペースがあるかどうか」「自分でおもちゃを選んであそべるように収納されているかどうか」などがポイントとのこと。

広いおうちでも、お子さんのものが散らばっていたり、あそんでいいスペースが決められていなかったりすると、どこか心が落ち着かなかったり、身の回りのことがなかなかできない子

になってしまうのだそう。

広いスペースがとれなくても、部屋の隅に1mほどのラグを敷いてあげたり、カラーボックスなどで間仕切りをして簡単な専用スペースなどをつくってあげるだけで、そこがお子さんの秘密基地になります。

片づけ上手な子に育てるには

「大人用と子ども用のものがわかりやすく区別されている」「片づける場所がわかりやすい」といったことも、お片づけが上手なお子さんの家庭に共通しているようです。

たとえば、あるシッターが教えてくれたのは、玄関のシューズラックのひと工夫。お子さんの靴を置く場所に、厚紙で作った靴の形を足跡のように貼りつけてあるご家庭があったそうです。靴の左右の形も自然に覚え、玄関もスッキリ片づくので一石二鳥のアイデアです。

生活感のないインテリアを目指しているご家庭はちょっとだけ注意。収納箱の大きさ、色、形が統一されていたり中身がわかりづらいと、かえってお片づけぎらいになってしまうことも。

中身が見える箱や、浅いトレイなど、視覚的にどこに何を片づければいいかがわかるようにしてあげられるといいですね。

第2部

もう“間が持たない”となやまない！

絶対に子どもウケするあそび

第4章 0～1歳のあそび方

生まれたばかりの赤ちゃんは、まだ楽しさやうれしさといった感情を知りません。そういった感情は、大好きなおうちの人との関わり合いや、あそびを通じて育まれていきます。

この時期は愛着関係を形成することが大切なので、スキンシップや優しい語りかけ・歌いかけを意識しながら、赤ちゃんを安心させてあげることを心がけましょう。

大人にとってはささいなことでも、赤ちゃんにとっては一つひとつが大きなチャレンジ。無理せずゆっくりとした時間を過ごしましょう。

あそび 1　風船あそび

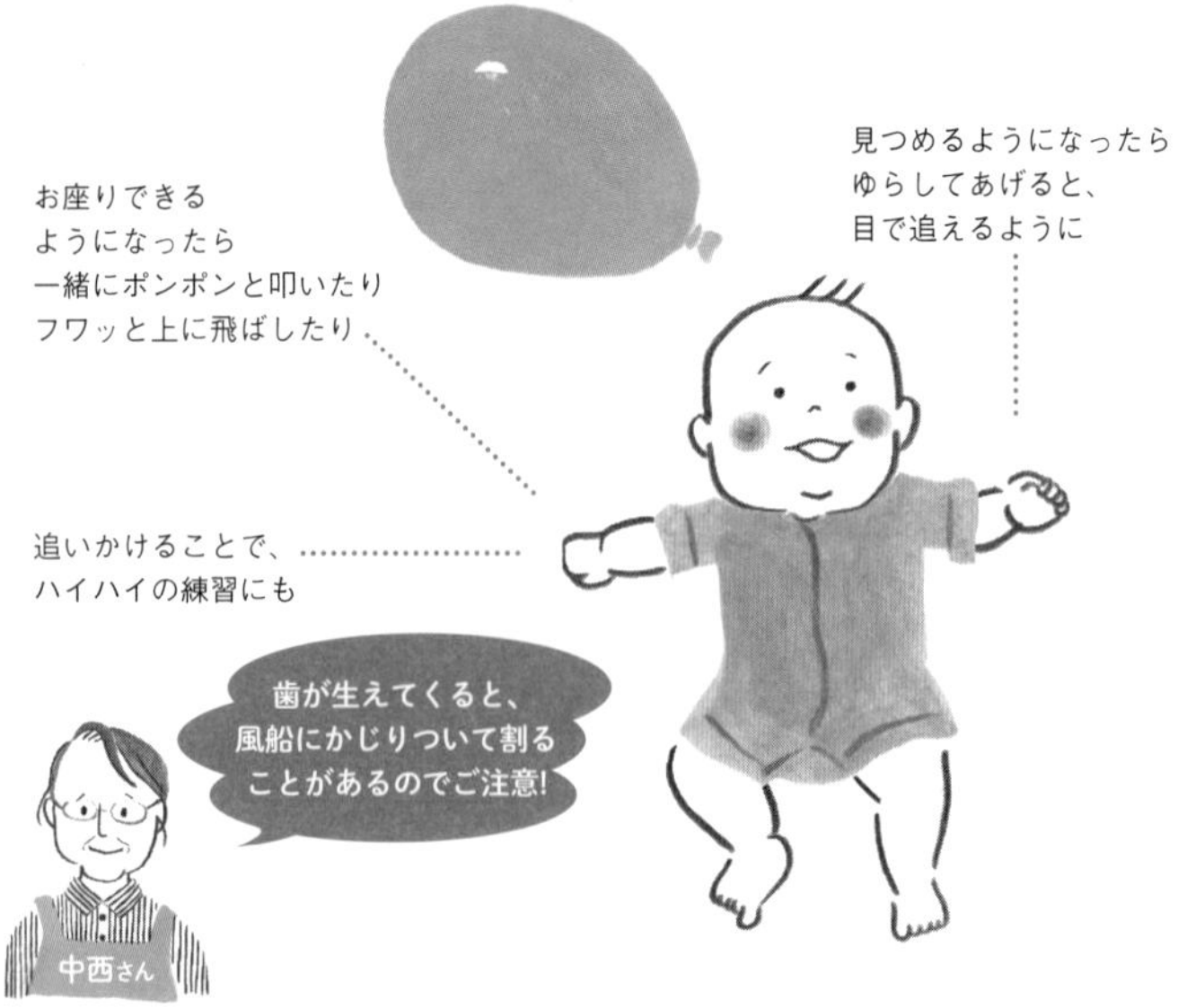
見つめるようになったら
ゆらしてあげると、
目で追えるように
お座りできる
ようになったら
一緒にポンポンと叩いたり
フワッと上に飛ばしたり
追いかけることで、
ハイハイの練習にも
歯が生えてくると、
風船にかじりついて割る
ことがあるのでご注意!
中西さん

ゆれる風船に興味津々！

　風船は、生まれたばかりの赤ちゃんにぴったりのおもちゃ。生後2～3週間くらいから、赤い風船を天井からタコ糸でつるしてみましょう。ちょうど目の上1mくらいのところに来るように調整します。

「ふわふわ」と言いながら見せてあげるのがコツです。慣れてくると、「ふわふわ」と言うだけで、風船を見てくれるようになります。

　まだ視力が弱いお子さんのために、赤や青など鮮やかな色を選んであげましょう。

あそび 2

名前を呼ぼう

名前を呼ばれるだけでうれしい！

赤ちゃんと一緒に過ごす時間、何をしたらいいかわからない……という新米パパママ。無理にあそぼうとしなくても、名前を呼ぶだけでいいんです。

「○○くんのおてて、あったかいね」「○○ちゃん、オムツを替えましょうね」「○○ちゃん、ミルクの時間ですよ」など、心のつぶやきに名前を添えて声に出すだけ。

幼い頃からきちんと名前を呼んでもらうことで、お子さんは尊重されていることを無意識に実感できます。

あそび 3

鏡であそぼう

大きな鏡で「自分」発見！

赤ちゃんにとって、鏡は不思議でおもしろいおもちゃ。少し大きめの鏡がある場合には、一緒に並んで「これは誰かな？」と話しかけてみましょう。

鏡の中に映るパパやママ、そのとなりにいる小さな赤ちゃん。体を動かすと鏡の中の赤ちゃんも同じように動く……。鏡に向かって話しかけたり、笑いかけたりするお子さんもいます。

外出先で泣きやまないときは、鏡の前に連れていくと気がまぎれることも！

あそび 4 いないいないばあ

いないいないばあは世界共通！

「いないいないい……」で顔を隠して「ばあ！」で見せる、いないいないばあ。実は世界各国で同じあそびがあるんです。

英語では「Peek-a-boo（ピーカブー）」、フランス語では「Cache-cache cou cou（カシュカシュクークー）」。

お顔が見えない不安と、見えたときの安心感。ハンカチなどの布を使ったり、「ばあ！」で手を開くのではなく上下左右からひょっこり顔を出したり、とバリエーションをつけてみても大喜び。

あそび 5 タッチ！

あいさつがわりに「タッチ！」

1歳くらいの赤ちゃんでも、手を広げて「タッチしてごらん」と言うと、手を合わせることができます。

まだ言葉が話せなくても、**あいさつや「ありがとう」のかわりにタッチができれば、それは立派なコミュニケーション**。お子さんの自信にもつながります。

最初は何回か、おうちの人同士でタッチし合うところを見せてあげると、すぐに真似してみせてくれますよ。

あそび
6

おうち探検

興味を持ったら
安全な調理用具などを
さわらせてあげても
風に舞うカーテン、明るい窓……
家中に刺激がいっぱい!
「お花きれいね」
「風がつめたいね」など、
話しかけながら
探検してみましょう
手を伸ばすのは
気になる証拠。
色やモノの名前を
教えてあげて

寝かせてばかりなら おうち探検!

メリーや動く風船などを目で追うようになってきたら、ぜひ試してほしいのが「おうち探検」。

かつては赤ちゃんをおんぶして家事をするお母さんが多かったため、自然に大人の目線で家の中を見る機会がありました。**5分でいいので、お散歩がわりに抱っこしておうちの中を見せてあげましょう。**

安全を確保した上で窓を開け、外に広がる景色を見せてあげると、パパやママもリフレッシュできて一石二鳥です。

あそび 7　音の鳴るおもちゃ

左右にゆっくり動かせば
目で追うようになります
持ちやすくて、
きれいな音のするものが
おすすめ
自分から手を伸ばすようになったら、
できるだけ好きなように
あそばせてあげましょう
音を鳴らすだけではなく、最初は一緒に「ガラガラガラ……」と言ってあげましょう
中西さん

赤ちゃんは音以外も楽しんでいる

生後3ヶ月近くなると、手をグーにして目の前に持ってきて、「これは何だろう」と眺めたり、グーをそのままお口に入れたりするようになります。

そのタイミングでおしゃぶりやガラガラを持たせてあげましょう。すると、お口に入れたりほっぺに持っていったりするようになります。

よく舐めたりするので、**洗ったりふいたりできるプラスチックの小さな軽いガラガラがおすすめです。**

あそび 8 ベビーマッサージ

①あお向けに寝かせ、太ももに手を添え、左右にゆらゆら

②足の付け根から足首まで片方ずつなでなで

③お腹に手を置いて左右にゆらゆら。おへそ周りを「の」の字を描くようにくるくる

④胸から肩にハートを描くように両手でマッサージ

⑤肩から手首までなでおろす。おててを持ってバンザイ！

⑥うつぶせに寝かせ、顔を横に向ける。背中から腕に向かってなでなで

⑦うつぶせのまま、おしりを円を描くようにマッサージ。かかとをおしりにつけるように曲げ伸ばし♪

ベビーマッサージはふれあいあそび

ベビーマッサージには、**親子の愛着を深め、肌と肌のふれあいによって安心感を高める**などの効果があります。

まずは自分の手を洗ってマッサージし、温めておきます。足→お腹→胸→腕→背中→おしりの順に、明るい声で楽しく話しかけたり歌ったりしながらマッサージしましょう。

赤ちゃんの機嫌や体調の悪いとき、皮膚の状態が悪いとき、予防接種を受けて1日経っていないときは避けましょう。

あそび 9

ゴロゴロ運動

おふとんや
カーペットの上で
ゆっくり動かして
あげましょう
必ずお子さんの
様子を見ながら
やってくださいね
おうちの人の笑顔で、
赤ちゃんも
リラックス
便秘対策にも

ゴロゴロ運動で体幹をきたえよう

首がすわってきたお子さんにおすすめしたいのが「ゴロゴロ運動」。

あお向けに寝かせ、ひざを優しく曲げて、体を左右にゆっくりと動かします。

体幹の刺激が寝返りの練習にもつながり、今までやったことのない新しい動きに赤ちゃんも大満足！

お気に入りの歌を歌ったり、「○○ちゃん、ごーろごーろ」と声をかけながら動かしてあげるだけでも喜んでくれますよ。

あそび 10

おててをぎゅっぎゅ

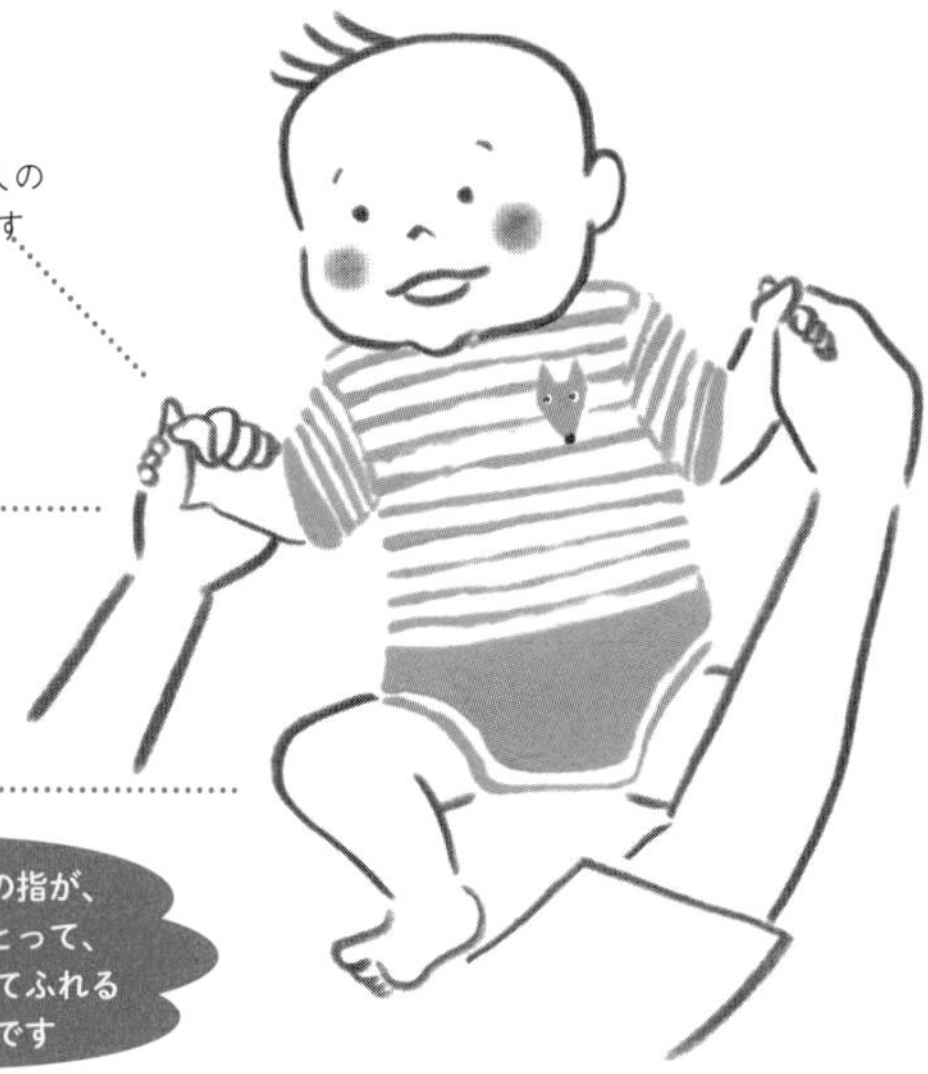
赤ちゃんに、おうちの人の
親指をつかんでもらいます
優しく手のひら全体で
包み込んであげましょう
足でも同じように
あそべます

パパやママの指が、
赤ちゃんにとって、
生まれて初めてふれる
おもちゃです
表さん

手からの刺激で「自分の体」を認識

赤ちゃんはスキンシップが大好き。たくさんタッチして、安心感を与えてあげましょう。

オムツ替えやねんねのときには、お子さんの手や足を優しく握ってあげましょう。「おててをぎゅっぎゅ」と言いながら手のひらを刺激したり、「足を上げるよ」「足を開くよ」などと声をかけながら体を動かしてあげます。

手足の感覚や自分の体の認識を育てる手助けになり、リラックス効果も抜群！

あそび 11 どっちだ？

おもちゃやお菓子で「どっちだ？」

　手の中に隠れるサイズのおもちゃやお菓子などを見せ、左右どちらかの手で握って「どっちだ？」「どっちの手に入ってる？」と聞いてみてください。

　目の前にあったものが消えてなくなり、また出てくる。この繰り返しに赤ちゃんは大喜び。

　最初はわからなくても、だんだんルールがわかるようになってきて大興奮。

　当たったときの笑顔に、こちらまでうれしくなることうけあいです。

あそび 12 お絵かき

1歳すぎから早くも挑戦！

　1歳をすぎたあたりでクレヨンなどを握れるようになるので、お絵かきに挑戦してみましょう。

　犬や猫など知っているものを大人が描いてあげると喜び、**最初は線の殴り書きだったのが丸を描けるようになっていきます。**

　お子さんの筆圧が弱い場合には、**水性サインペンだとさらさらかけて楽しい**です。

　テーブルに大きめの模造紙をテープで貼りつけると、テーブルを汚さず、のびのびと描けます。

みんな大好き、ふれあいあそび歌

言葉と音楽にふれあうきっかけ

歌を歌いながらのふれあいあそびは、お子さんとの楽しい時間につながるだけでなく、言葉や音楽にふれるきっかけにもなります。

シッターたちも、**「お子さんとの距離を縮めるのにもってこい」**と積極的に取り入れています。

歌い継がれてきたわらべうたなどは、人によってメロディや歌詞がちょっとちがったりしますが、それぞれのやり方で楽しむのが一番。動作も、自由にアレンジして、たくさんお子さんとふれあいましょう！

シッターおすみつき！ ふれあいあそび歌

＊くっついた
＊おせんべやけたかな
＊にらめっこ
＊バスにのって
＊いっぽんばしこちょこちょ
＊おんまはみんな
＊ここはとうちゃん にんどころ
＊うまはとしとし
＊どっちどっち えべっさん

ふれあいあそび歌＊ちょちちょちあわわ

①**ちょちちょち**
お子さんをひざに
座らせ、両手を持って、
顔や胸の前で
2回合わせる

②**あわわ**
片手または両手を
お子さんの口に

③**かいぐりかいぐり**
両手を胸の前で
グルグル回す

④**とっとのめ**
片方の手のひらを、
もう一方の手の指で
つつく

⑤**おつーむてんてん**
片手または両手で
頭を優しくタッチ

⑥**ひじぽんぽん**
片手でもう一方のひじを
優しくタッチ

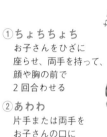

ふれあいあそび歌＊

とうきょうとにほんばし

こちょこちょにハマる子続出?!

①と〜うきょうと
お子さんの手のひらを
1本指でなぞる

②にほんばし
手のひらを2本指でなぞる

③がりがりやまの
手のひらをくすぐる

④パン屋さんと
手のひらをパン！と優しく叩く

⑤ツネ子さんが
手のひらを優しくつねる

⑥やまみちのぼって
手のひらから肩に向かって
2本指で腕をのぼっていく

⑦こちょこちょこちょ〜！
脇をくすぐる

アレンジして、
「かいだんのぼって」で
とびはねるようにのぼったり、
「うらからのぼって」で
背中からのぼっても♪

とう　きょうと　にほんばし　がりがりやまの　パン　屋さんと
ツ　ネ子さんが　やまみちのぼって　こちょこちょこちょ

ふれあいあそび歌＊きゅうりができた

①きゅうりができた　きゅうりができた
きゅうりができた　さあ食べよ

お子さんをあお向けに寝かせ、両足を握り左右にゆらゆらさせる

②塩ふってパッパパ　塩ふってパッパパ
塩ふってパッパパ　パッパッパ

塩をまぶすようにお腹や顔を優しく指先でつつく

③板ずりゴロゴロ　板ずりゴロゴロ
板ずりゴロゴロ　ゴーロゴロ

両方の手のひらで、きゅうりを
転がすように全身をさする

④お水でジャージャー
お水でジャージャー
お水でジャージャー
ジャージャージャー

胸から足先までサーッとなでる

⑤包丁でトントトン
包丁でトントトン
包丁でトントトン
トントントン

手を包丁に見立てて上下に動かし、
胸から足先まで切るふりをする

⑥マヨネーズをつけて、
「いただきまーす！」

優しくふれられるのだ〜いすき！

同じメロディを
5回繰り返し！

きゅうりができた　きゅうりができた　きゅうりができた　さあ食べよ

こんな歌が大好き!

生後6ヶ月でメロディを理解!

ある研究によると、楽器がちがっても、生後6ヶ月の赤ちゃんは同じメロディを理解できるそうです。

特に赤ちゃんは**高い音域の歌や、聞いたことのある歌に興味を示す傾向が強いので、繰り返しが多くて短い曲を何度も歌ってあげるのがいい**とされています。

「同じ歌を毎日寝かしつけのときに歌うことで、条件反射で眠ってしまう子もいます」というシッターの声もありました。

人気シッターおすすめの歌

* ゆりかごの歌
* チューリップ
* いぬのおまわりさん
* ぞうさん
* おはながわらった
* きらきらぼし
* どんぐりころころ
* かえるのがっしょう
* パンダ うさぎ コアラ
* ことりのうた
* おはなしゆびさん
* あめふりくまのこ

色と音を楽しむ赤ちゃん絵本

生まれて間もない赤ちゃんも、絵本は大好き。目でお部屋の中をじっと見るようになったら、絵本を読んであげましょう。

一度にいろんな絵本をたくさん読むよりも、お気に入りの同じ絵本を何度も読むほうがいいそうです。

赤ちゃん向けの絵本を選ぶポイントは「**色**」と「**音**」です。

まずは「色」。ストーリーそのものだけでなく、原色が用いられていてはっきりと描かれたシンプルな絵に、赤ちゃんは注目します。

たくさんのものが細かく描き込まれた絵本より、**見開きの中に大きく1つの絵があるもののほうが集中できます**。

次に「音」。同じ言葉や音の繰り返しがある絵本などがいいとされています。

また、この時期は説明の多い文章よりも、**リズムのある文章**がおすすめ。読みながら体をゆらしたり、リズムをとると大喜びします。

不思議な音、楽しい音を
楽しむ絵本が人気です
小林さん

楽しんでもらえる 絵本の読み方

こもりうたのように優しい声で

この時期のお子さんにとって、絵本の読み聞かせはあそびの延長。言葉がわからなくても一生懸命に聞いています。

ねんねの時間になったら、こもりうたを歌うように、優しい口調で絵本を読んであげます。抱っこされて優しい声を聞いていると眠くなります。そうすると、心地良い絵本の響きが大好きになります。

外で散歩している犬を見たら「わんわん」、車を見たら「ぶーぶ」と教えてあげて、あとで犬や車の載っている絵本を見せるなど、実物を見せてから絵本を見せてあげると理解が深まります。そして、絵本もわんわんもぶーぶも大好きに。大好きをたくさん増やしてあげましょう。

中西さん
生後3週間頃から、毎晩寝る前に、同じ絵本を読んであげましょう。3ヶ月したら1冊増やして2冊に。その本が好きになったら3冊に。と続けると、5～6冊の絵本を最後まで聞く集中力が身につきます

これが鉄板！ おすすめ絵本

もこ もこもこ
谷川俊太郎／作　元永定正／絵
文研出版

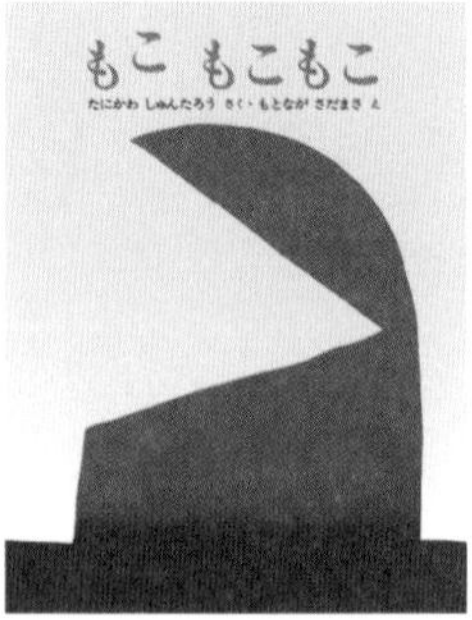

「ユニークな色合いと擬音が大人気で、子どもたちも口ずさみながら聞いてくれます」（逢坂さん）

いないいないばあ
松谷みよ子／文　瀬川康男／絵
童心社

「2ヶ月のお子さんでも、読むと笑ってくれる子がいます」（小林さん）

どんどこ ももんちゃん
とよたかずひこ　童心社

「生後2週間くらいから。ひざに座らせてリズムをとりながら読むと大喜び！ 絵本が大好きになります」（中西さん）

だるまさんが
かがくいひろし　ブロンズ新社

「あまりにも有名なシリーズ！ みんな大好き。真似をしてポーズをとったり体をゆらしたり」（小林さん）

まだまだあります！

ごぶごぶ ごぼごぼ
（駒形克己、福音館書店）

「わにわに」シリーズ
（小風さち／文、山口マオ／絵、福音館書店）

おつきさま こんばんは
（林明子、福音館書店）

ぺんぎんたいそう
（齋藤槙、福音館書店）

ぽんちんぱん（柿木原政広、福音館書店）

たまごのあかちゃん
（神沢利子／文、柳生弦一郎／絵、福音館書店）

かおかお どんなかお
（柳原良平、こぐま社）

やさいさん（tupera tupera、学研プラス）

ぴょーん（まつおかたつひで、ポプラ社）

しましまぐるぐる
（柏原晃夫、学研プラス）

うずらちゃんのかくれんぼ
（きもとももこ、福音館書店）

ごあいさつあそび
（きむらゆういち、偕成社）

「ノンタン」シリーズ
（キヨノサチコ、偕成社）

ねないこだれだ
（せなけいこ、福音館書店）

だいすき ぎゅっ ぎゅっ
（フィリス・ゲイシャイトー他／文、デイヴィッド・ウォーカー／絵、福本友美子／訳、岩崎書店）

じゃあじゃあびりびり
まついのりこ　偕成社

「ファーストブックとしてもおなじみ。色使いがはっきりして見やすくシンプル。色を覚えるのにもいいですね」（表さん）

がたん ごとん がたん ごとん
安西水丸　福音館書店

「よーく見ると、食べ物や動物を乗せるたびに、電車さんががんばる表情に変わっていくのも密かに魅力。英語版も！」（日高さん）

第5章 2〜3歳のあそび方

少しずつ周囲の人とコミュニケーションもとれるようになってきて、あそびの幅や行動範囲がぐんと広がります。探索活動や、何かを身近なものに見立ててあそぶことも増えます。

手先も器用になってくる時期なので、いろいろなことにチャレンジしてみたい気持ちが生まれてきます。そうした変化を察知してあげて、たくさんのあそびを組み合わせてみましょう。

この頃の子どもの集中力は2〜3分で途切れてしまうので、1つのあそびが長く続かなくても心配しないで。むしろ次々にあそびを展開していくことで、自らあそびを生みだせるようになります。

あそび 1　積み木あそび

積むだけじゃない。
「倒す」「並べる」「ぶつけて音を出す」のも
立派なあそび!
カラフルなものを選べば、色の名前を覚えるきっかけに
四角い積み木を人形のイスにしたり、食べ物に見立てておままごとに使ったり。いろんなおもちゃやあそびと組み合わせてみましょう
「何に見える?」と問いかけてみると、意外な答えが返ってくるかも
表さん

積み木が養う想像力×創造力

積み木はさまざまな形で発育をうながしてくれる優秀なおもちゃ。お座りができるようになったら、おうちの方も一緒に楽しみましょう。

まだ小さいうちは、**大きめで持ちやすいシンプルな形のもの**を選びましょう。

最初は倒すことも楽しいあそびなので、「倒れちゃったね」などと声をかけながら一緒にあそぶと、行動の意味を学ぶきっかけになります。

あそび 2

おままごと

なりきり体験で発想力を育む

お子さんはじっと周囲の大人を観察しています。この時期はまだまだ一人あそびがメインですが、**おうちの人の真似をし始めたら、おままごとができるサイン。**

「はいどうぞ」「ありがとう」「いただきます」「おやすみなさい」など、日常の動作の中で交わされる言葉を使ってみましょう。

おままごとの道具がなくても、砂場で「おにぎり」を作ったり、家にある積み木でケーキを作ったり。お子さんは新しいあそび方を自分で見つけるようになります。

また、きれいな色の毛糸や石などを組み合わせて、お菓子や料理に見立てたりも。

あまりピンときていなければ「これ、何に見える？」と聞いてみると、世界が広がるかもしれません。

次第に、「ママ」など、自分以外の人の役になりきることもできるようになります。

お子さんが聞いたことのある言葉やセリフを使うと、おままごとの世界に浸りやすくなります。

あそび 3 手作り型落とし

落とすのは100円均一で売っている
プラスチックのタグ（ネームプレート）や
ペットボトルのキャップ
口に入れても安心なように、
キャップは2つ合わせ、
ビニールテープで
巻いて使います
シッティングの際は、
お子さんの月齢に合いそうな
手作りおもちゃを持参します。
見た瞬間「なになに?」と
興味津々に!
小林さん
少し深めの
タッパーを使って、
ふたに穴を開けて

100円均一の材料で手作り

型落としとは、穴の開いた箱にモノを落としてあそぶおもちゃのこと。

この時期のお子さんたちが夢中になる、つかむ、つまむ、大きさの合う穴を探す、落とす、といったあそびを繰り返すことができます。

動物やキャラクターのシールや絵を貼って、「ウサギさんを入れよう」などとあそんでも。

お子さんの写真や似顔絵を貼ってあげても喜びますよ。

あそび 4　冷蔵庫でタングラム

月齢の低いお子さんには大きめのパーツを
タングラムとは、正方形を切り分けたシルエットパズルのこと。切り分け方を紹介するウェブサイトもあります
お子さんの好きな色をたくさん使いましょう
三角や四角などの図形だけでなく、人や動物の形もあるとストーリーが広がります

タングラムで想像力が無限に

子どもの心を惹きつける身近な素材といえば、マグネット！100円均一や文房具店で入手できるマグネットシートをいろいろな形に切り抜けば、それだけでタングラムのできあがり。

貼るためにホワイトボードや黒板などを用意してあげてもいいですが、おうちの人が使っているものに興味を示すので、安全を確保した上で冷蔵庫などに貼らせてあげると大興奮！

図形や数への興味にも自然につながります。

あそび 5　ふろしき

いつものおもちゃとは
少しちがう色や柄、
不思議な手ざわりに
興味津々！
マントにするときは
結ぶかわりに
洗濯ばさみを使うと安心
布をたたんだり、
結んだりする
練習にも
おままごとで、箱を包んで
「おとなりのおうちに
持っていってくださいな」と言うと、
ノリノリでとなりの部屋に
持っていってくれます
小林さん

何が出てくる？入ってる？

昔ながらの「ふろしき」、実はいろんなあそび方ができる最高のおもちゃ。

「いないいないばあ」をしてあそんだり、ピクニックごっこでシートがわりにしたり。

使い方によってはドレスやマントのかわりになります。おもちゃやお菓子、箱などを包んであそんだりもできます。

結んだりほどいたりするだけでも楽しめますね。

あそび 6 楽器

ただ与えるのではなく、
最初は一緒に歌いながら
簡単に音が
鳴るものが
おすすめ
上手に鳴らせるように
持ち方を工夫して
あげましょう
歌や音楽に合わせて
リズム良く鳴らせば
ミュージシャン気分!

いろんな音が鳴るのが楽しい！

「シッティング時には小さな楽器を持参する」というシッターさんもいます。

トライアングル、ミニサイズの太鼓、鈴、カスタネット、タンバリンなど、叩けば音が鳴るものがおすすめ。自分の周りにぐるっと楽器を並べて、順番に鳴らしてひたすらドンドン、ジャカジャカ！　押すと楽器の音が出る絵本を使うというアイデアも。

おうちの人が歌を歌いながらいろんな音を出せば、それだけで楽しいコンサートに！

あそび 7

宝探し

木の実や貝殻は、
洗浄後よく乾かして
玄関などのインテリアに
使っても！
リボンは
お気に入りの
色のものを
油性ペンで
お絵かきしてみても
すてきです
大きめの袋を使うと
入れやすく、
とり出しやすい

お散歩が何倍も楽しくなる

自然のある場所や公園に行き、「宝物を探そう！」と言うと、子どもたちは目を輝かせていろいろなものを見つけます。

そんな宝探しをもっと特別なものにしてくれるのが**オリジナルの「宝探しバッグ」**。作り方は簡単。ジッパーつきの保存袋に、好きなシールを貼り、両脇に穴を開けてリボンを結ぶだけ。

どんぐりや木の実、貝殻はもちろん、おもしろい形の小石や葉っぱなどをたくさん集めて楽しみましょう。

今も昔も不動の人気 手あそび歌！

じいじとばあばも大活躍?!

何もおもちゃがなくたって、手あそび歌を歌えば、小さなお子さんも大喜び。**外出先での暇つぶしにもなります。**お子さんの「お気に入り」を見つけて、一緒に楽しみましょう！

スタンダードな手あそび歌は、祖父母の活躍が期待できるかも。

動画サイトなどでも、あそび方の例がたくさん見られるし、保育園や幼稚園で教わってくるお子さんもいますね。

新米パパママや、しばらく子育てから離れていた人も、タイトルを見れば思い出すものも多いのでは？

シッターおすみつき！ 手あそび歌

＊とんとんとんとん ひげじいさん
＊グーチョキパーで なにつくろう
＊むすんでひらいて
＊ぼうがいっぽん
＊おおきくなったら なんになる
＊たこやき
＊おべんとうばこのうた
＊いちじくにんじん
＊にらめっこ

手あそび歌＊げんこつやまのたぬきさん

①せっせっせーの
向かい合って
お互いの両手を握り、
前に出して上下に３回ふる

②よいよいよい
両手を握ったまま、
腕を交差させ、
３回ふる

③げんこつやまのたぬきさん
手を離し、両手をグーにして
上下を入れ替えながら
７回トントンと合わせる

④おっぱい飲んで
両手を口のそばに
持っていき、
２回パクパク

⑤ねんねして
両方の手のひらを合わせて、
左右のほおに１回ずつつける

⑥抱っこして　おんぶして
体の前と後ろに手をやり、
抱っことおんぶの真似をする

⑦またあした
両手をグーにして胸の前でグルグルし、
「またあし『た』」でジャンケンをする

小さなお子さんの場合は、
「またあした」のところで
ジャンケンではなく、
ただ手を振るだけでも
OK!

手あそび歌＊いとまきまき

長く切った毛糸を、
厚めの紙に巻いていくのも
盛り上がります
表さん

①いと　まきまき　いと　まきまき
両手をグーにして胸の前で
グルグルする

②ひいて　ひいて　トントントン
両手をグーにしたまま
両腕を左右に引き、
グーの手を３回上下に合わせる

（①・②をもう一度繰り返し）

③できた　できた
リズムに合わせて手を叩く

④こびとさんのぼうし
頭の上で手で三角をつくり、
ぼうしの真似をする

何ができるかな？とワクワク！

最後の部分を「こびとさんのおひげ」
「こびとさんのメガネ」
「○○ちゃんのぼうし」などに
言い換えて、何度もあそべます！

手あそび歌＊ずいずいずっころばし

①数人で内側を向いて輪になる

②鬼を1人決める

③鬼以外の人は、両手でグーをつくって前に出し、
鬼は片手のグーのみ前に出す
このときグーの真ん中に穴をつくって茶つぼに見立てる

④鬼は歌を歌いながら、人差し指を順に茶つぼの中に入れていく

⑤歌が終わったときに指が入っていた人が次の鬼

ずいずいずっころばし
ごまみそずい
茶つぼにおわれてトッピンシャン
抜けたらドンドコショ
たわらのねずみが米くってチュー
チューチューチュー
おとさんが呼んでも
おかさんが呼んでも
いきっこなしよ
井戸のまわりで
お茶碗かいたのだぁれ

手あそび歌は、
ごきょうだいがいる場合など、
お子さんが複数のときにも
盛り上がります

こんな歌が大好き！

ほかにもたくさん歌で盛り上がろう

お歌を聴くだけでなく自分で歌えるようになるこの時期。

この頃になると、お気に入りの歌がある子もいるとか。

「シッティングのときはいつも歌を歌っています。お子さんが喜んでくれるだけでなく、私のストレス発散にもなっています（笑）」と話すシッターも。

「子ども向けの曲にこだわらず、自分が好きな歌を歌うのが一番」という声も聞かれましたよ。

人気シッターおすすめの歌

＊大きなたいこ
＊やきいもグーチーパー
＊おつかいありさん
＊とんでったバナナ
＊とんぼのめがね
＊てをたたきましょう
＊大きなくりの木の下で
＊おもちゃのチャチャチャ
＊おにのパンツ
＊勇気１００％

もう迷わない！ 絵本の選び方

興味があるものを選ぶのがポイント

2歳頃からは物語を理解したり、お話を暗記して言葉や文章を反復したりする子も出てきます。3歳頃になると、長いお話も考えながら聞けるように。

でも、個人差があるので無理強いは禁物。あくまでもあそびの延長ととらえ、柔軟に。「最後まで聞きなさい」と叱ったり、無理に文字を覚えさせようとしたりしては、本がきらいになってしまうことも。

飽きっぽくてなかなか本に集中できない子には、動物や乗り物など、**その子が興味を持ちそうなものや身近なテーマが描かれている絵本**を選ぶと、比較的興味を持って聞いてくれます。シッティング前のヒアリングでどんなことにハマっているかを聞いて、その子に合わせた絵本を持参するというシッターもいました。

絵本は楽しいというイメージをお子さんと共有することが大切です。

また、この時期は何度も同じ絵本を読んでもらいたがりますが、時間が許すならぜひつき合ってあげて。

赤ちゃんの頃からお気に入りだった本もまだまだ楽しく読めます。

繰り返し同じ絵本を読むことで、子どもはより速く新しいことを学ぶようになるという研究結果もあるそうです。

楽しんでもらえる 絵本の読み方

絵本の解釈はそれぞれ自由に！

絵本を読むときはお子さんの反応を見ながらゆっくり読み進めます。無意識に早口にならないように心がけて。

ある調査では、読み聞かせが親など大人の精神状態もリラックスさせる効果があるという報告も。おひざの上やとなりに座らせてあげると、スキンシップの時間になり、心も満たされます。

この時期になると、絵を見ながら自分なりに解釈する姿がときどき見られます。実際の文面とはかけ離れていても、お子さんなりの想像力と言語力が発揮されているものです。これが、お子さんの思考力や想像力の成長につながります。

たまには、大人と子どもが「読み手」と「聞き手」の交代をしてもいいかも！

寝る前は、「読んで」と持ってきた好きな本を読んであげましょう。最初は明るく楽しい本を、最後は眠りのモードに入れるようにゆったりと静かに読める本を。読みながら顔や手をさわってあげると、幸せそうに眠りにつきますよ
中西さん

これが鉄板! おすすめ絵本

しろくまちゃんのほっとけーき

わかやまけん
こぐま社

「粉はふわふわ、ボールはごとごと、ぽたあん、どろどろ、ぴちぴち……と、擬音の繰り返しがみんな大好き」(中西さん)

どうぞのいす

香山美子／作　柿本幸造／絵
ひさかたチャイルド

「ウサギさんの作ったイスがつなげる、優しい世界。4～5歳になってもおすすめです」(逢坂さん)

はらぺこあおむし

エリック・カール／作　もりひさし／訳
偕成社

「王道の1冊。『まだまだおなかはぺっこぺこ』のフレーズが人気です。歌も楽しめます」(小林さん)

ねずみくんのチョッキ

なかえよしを／作　上野紀子／絵　ポプラ社

「いろいろな動物が出てきて、ねずみくんとのやりとりや、動物たちの表情がおもしろい!」(小林さん)

まだまだあります!

やさいのおなか
（きうちかつ、福音館書店）

きょうの おやつは
（わたなべちなつ、福音館書店）

はこのなかにはなんびきいるの?
（デビッド・A・カーター／作、きたむらまさお／訳、大日本絵画）

おきなかぶ
（ロシアの昔話、A・トルストイ ／再話、内田莉莎子／訳、佐藤忠良／画、福音館書店）

三びきのやぎのがらがらどん
（ノルウェーの昔話、マーシャ・ブラウン／絵、瀬田貞二／訳、福音館書店）

てぶくろ
（ウクライナ民話、エウゲーニー・M・ラチョフ／絵、内田莉莎子／訳、福音館書店）

「ぐりとぐら」シリーズ
（中川李枝子／作、大村百合子／絵、福音館書店）

そらまめくんのベッド
（なかやみわ、福音館書店）

ちょっとだけまいご
（クリス・ホートン／作、木坂涼／訳、BL出版）

かいじゅうたちのいるところ
（モーリス・センダック／作、じんぐうてるお／訳、冨山房）

おばけが ぞろぞろ
（佐々木マキ、福音館書店）

おばけのてんぷら
（せなけいこ、ポプラ社）

「だるまちゃん」シリーズ
（加古里子、福音館書店）

わたしのワンピース
（にしまきかやこ、こぐま社）

きんぎょが にげた

五味太郎
福音館書店

「きんぎょが水槽から逃げ出していろいろな場所に隠れます。ページをめくるたびに、次はどこ? とワクワク!」（表さん）

めっきらもっきら どおんどん

長谷川摂子／作　ふりやなな／画　福音館書店

「個性豊かなおばけとおもしろい文章に引き込まれます。一緒に不思議な世界を共有できますよ」（逢坂さん）

第6章 4～5歳のあそび方

あそびのバリエーションが増え、
一つひとつのあそびが深くなってきます。
道具も上手に使えるようになり、
工作など、指先を使う活動が楽しくてしかたない
時期でもあります。
お友だち同士で考えながら、その場の役割分担を
したり、自分の気持ちを抑えてがまんが
できるようになったりします。
たくさんの感情と出会う時期でもあるので、
あそびや絵本などを通じて、
ありのままの子どもたちの姿を
受けとめてあげたいですね。

あそび 1

ごっこあそび

大人も本気に！ やりとりが楽しい

一人であそぶ「おままごと」から少し進化して「ごっこあそび」に。複数人で、ある設定を共有しながらストーリーを組み立てていくプロセスでは、想像力、社会性、コミュニケーション力、そして何より観察力が育まれます。大人になっても必要なことばかりです。

道具や衣装を組み合わせて役になりきったり、友だちや周囲の大人と関わりながら、やりとりそのものを楽しむようになります。

ぜひ大人も全力で楽しんでほしいところですが、シッターからは「ごっこあそびは『お子さんの世界』。壊さないよう、お子さんにリードさせてあげて」との声が。

途中で設定が変わったり、会話の内容が多少あべこべだったりしても、中断せず合わせてあげましょう。「お店屋さんごっこ」「お姫さまごっこ」「海賊ごっこ」「バスごっこ」「電車ごっこ」など、ごっこあそびの世界は広がっていきます。

プラスチックのおもちゃだけでなく、チェーンリングをつなげたり、毛糸のポンポンやスポンジ、タオルなどちょっとしたものをプラスして小道具にするのもおすすめ。

この時期だけの特別なあそび。貴重な一瞬を、見逃さないで！

あそび 2

しりとりあそび

ひらがなに興味が出てきたら

読み書きや文字に興味がわいてきたお子さんがハマるのが、言葉あそびの王道、「しりとり」！　準備もおもちゃもいらず、語彙力もアップする最高のあそびです。

初めて取り組むときには、**大人の人が一人でやってみせます**。「『すいか』、『からす』……○○ちゃん、『す』がつく言葉は？」と少しずつうながしていくといいでしょう。

お散歩中のしりとりもおすすめです。外を歩きながら目に入ったものを言葉にすると、お子さんがそれを探してくれたり、知らない言葉なら説明してあげたりと、自然に言葉を学ぶきっかけになります。

もっと楽しめる！応用編

「大人は3文字」などの新ルールをつくる！

「5秒以内」など、時間制限を設ける！

「しりとりワーク」で検索すると、無料でダウンロードできるドリルも！

「動物」「食べ物」など、テーマを決める！

あそび 3

シール貼り

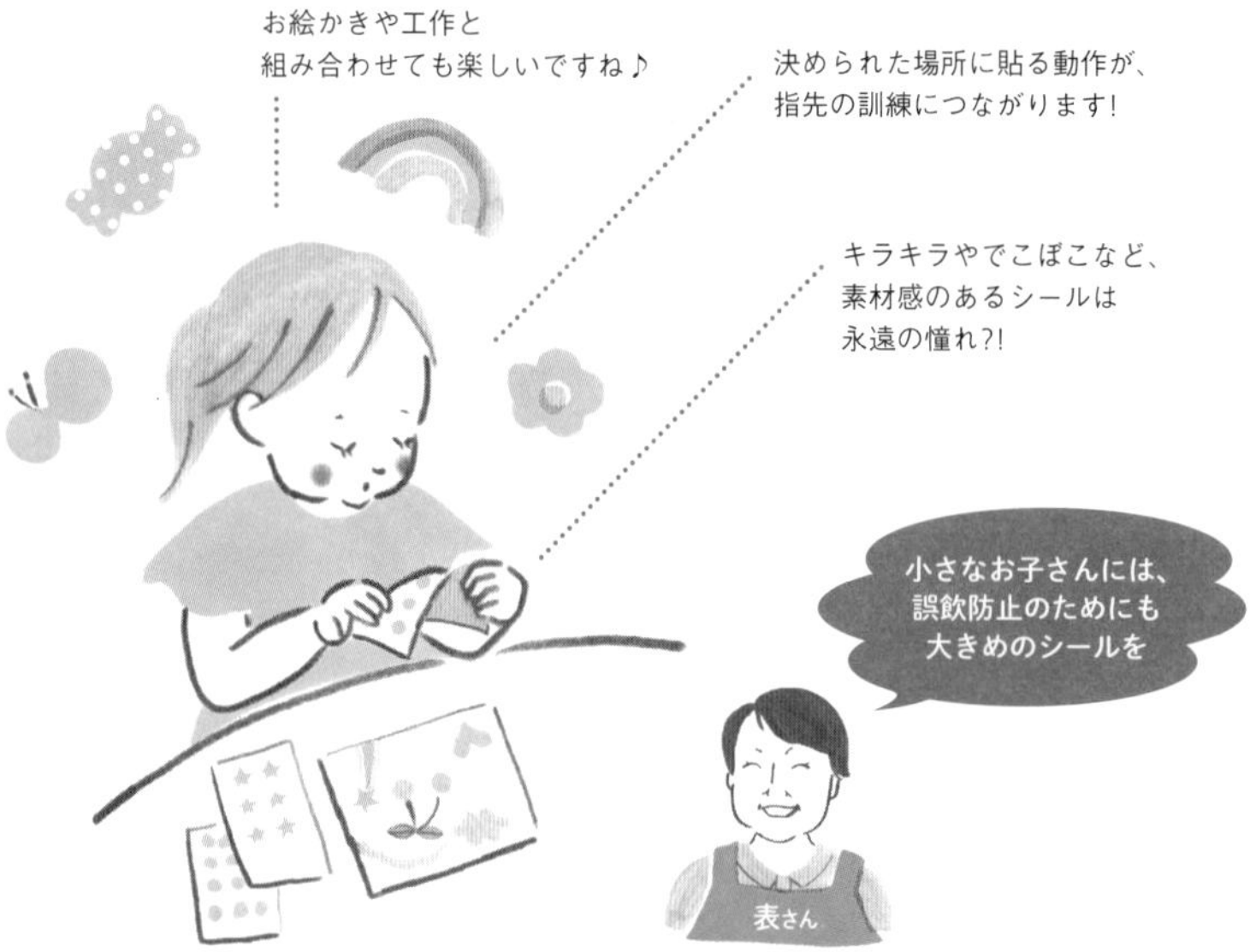
お絵かきや工作と
組み合わせても楽しいですね♪
決められた場所に貼る動作が、
指先の訓練につながります!
キラキラやでこぼこなど、
素材感のあるシールは
永遠の憧れ?!
小さなお子さんには、
誤飲防止のためにも
大きめのシールを
表さん

シッター持参率の高い秘密アイテム

今も昔も、シールは子どもたちの大人気アイテム。

キャラクターやかわいいイラストを用いたものはもちろん、シンプルな「丸シール」でも子どもたちは想像力を発揮して楽しくあそべます。

市販のシールブックを活用するだけでなく、「子ども　シール貼り台紙」といったキーワードで検索するとたくさんのシール貼り教材を無料でダウンロードできます。

プリンターがあるご家庭は、ぜひ試してみてください。

あそび 4

迷路

同じ動物や同じ果物のところを通ろう、10までの数字の順番に通ろう、といったルールを設けた知育的なめいろも
人差し指でなぞりながら、「真ん中よ、真ん中を通ってね」とお声がけしています！
食休みや散歩後の休憩におすすめ！
くねくねした道をなぞるのは文字を書くトレーニングにも。何より親子で楽しめます
表さん

鉛筆の練習や集中力アップにも

鉛筆が握れるようになったら、めいろにチャレンジ！ **最初は幅の広い簡単なものから始め、指でなぞるところからスタート。**一人で指でなぞることができたら、鉛筆でゴールまでの道のりを描いてみましょう。

自由画でめいろを描いて、最後までゴールできるか競争したり、描いためいろをお互いに交換したりしても楽しいです。

運筆力や集中力、考える力の向上になりますよ。

あそび
5

工作あそび

シールはみんな大好き!
仕上げに貼るだけで
満足度が大幅アップ
できれば子ども用の
ハサミなどをそろえると
Good!
季節の行事に合った制作で、
四季を感じたり、
行事への期待を持てたりも

完成した作品はほかのあそびにも

画用紙や色紙だけでなく、段ボールや紙コップなどを持参し、シッティングの中で工作の時間をつくっているというシッターも。

空箱で鉛筆立てを作ったり、紙コップを色づけして糸電話にしたり。お子さんの思いつきを形にしていくと、集中力も次第にアップ!

また、「お店屋さんごっこ」などで、できあがった作品を並べて買い物のやりとりをするなど、**ごっこあそびにつなげても盛り上がります**よ。

あそび 6

粘土あそび

形に残すなら、
100円で買える
紙粘土がおすすめ。
裏にマグネットを
つけてもいいかも！
こねたり、丸めたり、型抜きしたり、
手先の発達や集中力アップ
などの効果も
意外に人気なのが
餃子作り（笑）。
ご家庭での作り方など
教えてくれます
小林さん
クッキーやケーキ、
動物、恐竜などを作って、
ごっこあそびに発展させたりも

幅広い年代で楽しめる！

強力粉やお米の粘土なら口に入れても大丈夫なので、実は赤ちゃんの頃から楽しめます。

まずは、手のひらでコロコロするだけでできるお団子などを。次はそれを長く伸ばし、ザクッとおもちゃの包丁で切ったり。

それができるようになったら、「お花を作ろうよ」などヒントをあげると、自分の好きなものに挑戦するようになります。

カラフルな小麦粘土なら色を混ぜられるし、油粘土や紙粘土ならより細かいものが作れます。

あそび 7 プラ板

好きなひもを選び、
穴開けパンチで
ひもを通すなど、
自由にやらせると
すっかり夢中に!
オリジナルの絵を
プラ板にすれば、
世界で1つの宝物に。
祖父母へのおみやげにすると
感激されるかも?
しっかり焼くと縮むので
大きめに作るといいかも。
小さい子なら、
黒で縁だけ書いて、
あとから塗るのもおすすめ
小林さん
下絵に好きなキャラクターを選べば、
1時間くらい集中して
なぞり書き&着色する子も

懐かしの「プラ板」進化系も続々と！

昔懐かしい「プラ板」制作。専用のプラスチックの板に絵を描き、オーブントースターで焼いて重石（厚い本などがおすすめ）をドン！ と置くだけのシンプルな制作あそびですが、その人気は今も健在。

油性ペンやマーカーを使わせるのが不安なわんぱくっ子のママには、**色鉛筆やクレヨンが使える「白色プラ板」**もありますよ。

ほかにも、**「夜光塗料つき」「下絵つき」**など、進化系も！ 大人のほうがハマっちゃうかも？

あそび 8

ブロックあそび

最初は大人が一緒に作ることで
イメージがわくかも!
「まだ続きを作りたい」
と言うなら、
そのままにして「また明日」。
さらにあそびが広がります
積み重ねることができると
達成感を味わい、
ますます好きになって
いきますよ
中西さん
大きさ・色・素材もさまざま。
発達に合わせて選びましょう

ゴールがないからこそ楽しい?!

ブロックあそびには、空間把握力や想像力、記憶力など、さまざまな能力をきたえる要素がつまっているという研究結果があります。

あらかじめゴールがあるあそびではないため、探究心を自然に深めていくことができるという専門家の声も。

駐車場を作って車を出入りさせたり、おうちを作って中のレイアウトを考え、小さなお人形を入れてあそんだり。想像力次第で無限に広がる世界を楽しませてあげて。

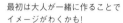

あそび 9

お絵かき（自由画）

絵は、成長するココロを映す鏡

　楽しく自由に絵を描ける環境を用意してあげましょう。

　カラダだけでなく、ココロもどんどん成長していく子どもたち。幼児期になると、さまざまな感情を味わったり目に見えないものを想像したりします。

　お絵かき（自由画）によって、それらの発達が促進されます。「落書きを叱る前に画材を用意してあげましょう」という専門家もいます。

　そして大切なのは、お子さんが描いた絵を批評しないこと！　大人の尺度で「うまい」「ここがイマイチ」と評価したり、描き方を教えたりすれば、お子さんはどんどんお絵かきが苦手になってしまいます。コメントを求められたら、「ママはこの絵のここが好きだなぁ」「楽しく描けたのが伝わってくるよ」など、のびのびとお絵かきをできた喜びに寄り添ってあげるといいでしょう。

　満足するまで絵を描いたら切り取って、おもちゃに貼りつけてごっこあそびをしたり、別の紙に貼りつけて新しい作品にしたり。じっくり取り組めば2時間くらいあっという間。

　きょうだいがいるなら、ぜひ合作を！　別々に描いても、大きな紙に同時に描いてもいいですね。

あそび 10

折り紙

折り紙アプリがパパママの味方

シッターの持参率が高い、折り紙。スーパーや100円ショップで手軽に購入できてかさばらないので、帰省中やお出かけ時のあそび道具としても優秀です。

最近は、スマホアプリで折り方を教えてくれるものも出ているので、折り紙なんて何年ぶり?! というパパママも大丈夫。

作ってあそべる「かみひこうき」や、色のちがいが楽しい「しゅりけん」、身につけられる「ゆびわ」などはお子さんに大人気。

自分で折りたいけれどまだうまく折れないお子さんには、最初はとなりに座り、折り方をゆっくり見せてあげましょう。

折る回数の少ない簡単なものからチャレンジして、「この角とこの角をくっつけるよ」、折り目をつけるときは「この端っこに、しっかりおててでアイロンをかけてね」など具体的に言ってあげるとコツをつかめるようになります。

ハサミデビューしたお子さんには、色紙を切り抜いて作る「切り紙」などもおすすめ。紙を広げたときの美しさに、大人も子どもも夢中になるでしょう。

こんな歌が大好き！

どんな歌が好き？と聞いてみよう

この頃になると、歌のレパートリーがぐっと広がり、音感や記憶力も向上するので、大人向けの歌まで歌えるお子さんも出てきます。季節の歌などを取り入れながら楽しみたいですね。

最近の歌は詳しくなくて……という場合は、「保育園や幼稚園でどんな歌を歌ってる？」と聞いてもいいかも。

歌がわからなくても動画サイトなどで検索すれば、一緒に覚えて歌うこともできて楽しめますよ。

人気シッターおすすめの歌

* 世界中のこどもたちが
* 手のひらを太陽に
* 一年生になったら
* ビリーブ
* 南の島のハメハメハ大王
* にじ
* あおいそらにえをかこう

もう迷わない！ 絵本の選び方①

物語を深く理解し考え始めます

成長するにつれ、子どもなりに物語を理解して自分なりの考えを持つようになっていきます。

想像力が目覚ましく発達し、感情や感覚、目に見えないことについても言葉にできるように。**主人公の気持ちになりきることでさまざまな感情にふれられるといいですね。**

少し難しいかな？ 長いかな？と感じる作品にも積極的にトライしてみましょう。

ストーリーがしっかりしていてテーマ性のあるもの、かつ絵と文章の内容が合っているものを選ぶといいでしょう。

繊細な絵や細かい絵も楽しめるようになるので、いろいろな絵本にふれながら、「考える機会」をたくさん与えてあげましょう。

シッターからは「**読み手の感情が伝わるので、読み手が好きな本を読むのが一番**」というアドバイスもありました。

おうちの人が子どもの頃に好きだった絵本や、なじみのある昔話など、「小さい頃に読んだんだよ」などとお話ししながら読むのも、お子さんにとってはうれしい時間。実家に眠っていた絵本を久しぶりに読んでみる、というのも盛り上がります。

もう迷わない！ 絵本の選び方②

探したり調べたり親子で大興奮！

『ミッケ！』や『ウォーリーをさがせ！』などに代表される「さがしっこ絵本」や「かくれんぼ絵本」も親子で楽しめて大人気。

細部まで描きこまれた絵を集中して見ることで、洞察力もきたえられます。親子でトライすると、お子さんのほうが細かい部分に気づくこともしばしば。

「あった！」「見つけた！」など、読み聞かせとはちがった楽しさを本から感じることのできる時間になります。

ほかには「図鑑」も人気です。小学生になっても使える本格的なものから、絵本のように読み聞かせできるものまで、探してみるとたくさん見つかります。

「ストーリーにあまり興味を示さないお子さんには、図鑑を見せてみると意外とハマる」という声も。

これらの本を選ぶときは、「大人が（その子に）学習してほしいもの」ではなく「子どもが興味を持っているもの」という視点で選んであげてください。

そうすることで、「もっと知りたい」「調べたい」という好奇心が育ちます。

楽しんでもらえる 絵本の読み方

感想は聞かない。感情を受けとめて

複雑なお話を読む機会も増えてきますが、シッターからは「感想を求めたり、テーマの解説をしないで」というアドバイスが。

自分から自然に話していることを受けとめてあげることは大切ですが、大人が感想を無理に引き出そうとしたり、解釈を加えて説明したりするのはNG！

お子さんが自然に抱いた感情を大切にしてあげるようにしましょう。

疑問を投げかけられても、すぐには答えを出さず、自分で考える時間を与えましょう。

また、「昔話など、言い回しが難しいかなと思っても簡単な言葉に言い換えないようにしましょう」というアドバイスもありました。

感性が育つこの時期に語彙力を身につけることで、豊かな言葉で自己表現できるようになります。無理に言葉を覚えさせようとする必要はありませんが、できるだけたくさんの表現にふれさせてあげたいですね。

また、絵本の主人公に感情移入できるようになるのもこの時期の大きな特徴。大声で笑ったりドキドキしたり、時には泣いてしまうこともあるかもしれません。そうした心の変化に寄り添ってあげるように読むと、どんどん読書が好きになります。

これが鉄板！ おすすめ絵本

ちょっとだけ

瀧村有子／作　鈴木永子／絵　福音館書店

「下にきょうだいがいるお子さんとお母さまに。涙されるお母さまも多く、読んでいる私も胸いっぱいになります」（中西さん）

100かいだてのいえ

いわいとしお　偕成社

「楽しい絵を見ながら、数もわかるように。『ちか100かいだてのいえ』もおすすめ！」（小林さん）

モチモチの木

斎藤隆介／作　滝平二郎／絵　岩崎書店

「臆病な豆太が大好きなおじいさんのために勇気を振りしぼる……強い心とは何か考えさせられます」（逢坂さん）

あいうえおの本

安野光雅　福音館書店

「まるで図鑑のように美しい本。字が読めるようになる前からでもおすすめ。イラストを見ながら言葉を覚えられます」（表さん）

まだまだあります!

すてきな三にんぐみ
（トミー・アンゲラー／作、今江祥智／訳、偕成社）

だいくとおにろく
（松居直／再話、赤羽末吉／画、福音館書店）

せんたくかあちゃん
（さとうわきこ、福音館書店）

さむがりやのサンタ
（レイモンド・ブリッグズ／作、菅原啓州／訳、福音館書店）

わすれられない おくりもの
（スーザン・バーレイ／作、小川仁央／訳、評論社）

「ミッケ!」シリーズ（ジーン・マルゾーロ／文、糸井重里／訳、ウォルター・ウィック／写真、小学館）

「バムとケロ」シリーズ
（島田ゆか、文溪堂）

はじめてであうすうがくの絵本
（安野光雅、福音館書店）

からすのパンやさん（かこさとし、偕成社）

100万回生きたねこ（佐野洋子、講談社）

おふろだいすき
（松岡享子／作、林明子／絵、福音館書店）

はじめてのおつかい
（筒井頼子／作、林明子／絵、福音館書店）

「ばばばあちゃん」シリーズ
（さとうわきこ、福音館書店）

「14ひきの」シリーズ
（いわむらかずお、童心社）

にじいろのさかな（マーカス・フィスター／作、谷川俊太郎／訳、講談社）

おまえ うまそうだな（宮西達也、ポプラ社）

エルマーのぼうけん（ルース・スタイルス・ガネット／作、渡辺茂男／訳、ルース・クリスマン・ガネット／絵、福音館書店）

でんしゃもくるまものりほうだい!
たのしいのりものえほん
（東京書店／編、東京書店）

おしいれのぼうけん

ふるたたるひ、たばたせいいち　童心社

「押し入れの世界を冒険する2人。仲間を思いやり、恐怖に立ち向かう成長の姿が凛々しく映ります」（逢坂さん）

ももいろのきりん

中川李枝子／作　中川宗弥／絵
福音館書店

「大人が想像するのとはちがう色で登場する動物たち。この自由な発想に、子どもたちは自然に惹かれるようです」（日高さん）

大人気シッターに聞く！②

子どもが飽きないお散歩の楽しみ方

子どもたちもシッターも「お散歩」が大好き！
でも、一体どんな風に過ごしているの？
子どもも大人も楽しくお散歩する秘訣を聞きました。

✿目に見えたものを実況中継！

特に乳児期くらいのお子さんにとっては、外で見るもの、ふれるものすべてが新鮮。

見えたものを言葉にして丁寧に伝えてあげることが、語彙力を増やすだけでなく、お子さんの興味を引き出すきっかけづくりにもなります。

大切なのは、**お子さんの視線を見てお話をすること。**

視線の先を一緒に見つめて、「アリさん見てたんだね」「お空が青いね」「どこかから音がするね。飛行機かな」「この葉っぱは黄色いね」などと共感しながら話してあげることがポイントです。

「手ざわり、色、音、形、匂いなどの五

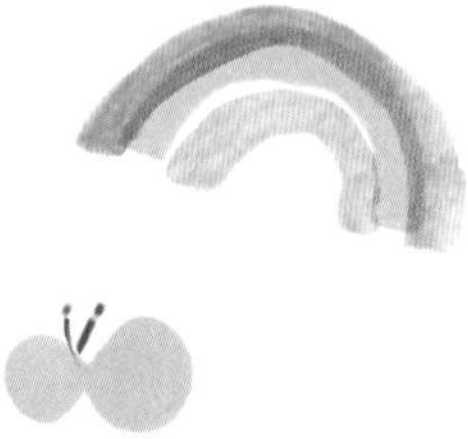

感を意識してお話する」「季節感をできるだけ伝えるようにする」といった意見もありました。

✿ 公園以外にも行き先はたくさん

川沿いや緑地、小さな花壇など、**自然のある場所は「発見」の宝庫**です。道ばたの野草や花にも目を向けて、調べたりしてもいいかもしれません。

大学の構内も、意外と自然が豊かだったりするので、立入禁止でなければおすすめ。

また、駅が近ければ、電車を見に行って「次に何が来るかな?」と予想してみたり。トラック、大型バス、工事車両、ゴミ収集車を探したりするのも、車好きな子は喜びます。

ほかにも、消防署や歩道橋を見に行ったり、商店街やスーパーでお買い物を手伝ってもらったり。

日が当たるとキラキラ光るアスファルトを歩くだけで「ダイヤモンド探し」を楽しめます!

散歩やお出かけのときには、つい「せっかく来たんだから……」と、目的地に到着することや遊具であそぶことを目的にしがち。

でも、お子さんにとって本当にうれしいのは、**一緒にいろんなものを見たり聞いたりして、ゆっくりおしゃべりする時間**なのかもしれません。

第3部

真似したい
ヒントが満載!
大人気シッターのおしごと拝見

第7章 シッターの1日プラン

シッティング中、
子どもとシッターはどんな風に
過ごしているのでしょうか。
ご家庭から依頼の多いシッティングプランの
タイムラインを振り返りながら、
大人気シッターたちがどんなことを
心がけているのかを聞きました。
お子さんとの時間を笑顔いっぱいにする
ヒントが盛りだくさん！

＼シッティングのタイムテーブル／

パターン① 保育園のお迎え～寝かしつけ

TIMETABLE

17:00 保育園にお迎え・シッティング開始

17:30 自宅に到着・夕食準備

18:00 配膳・夕食

18:30 片づけ・歯磨き

19:00 お風呂

20:00 パジャマであそぶ

20:40 寝かしつけ

POINT 1
お迎え時は
話を聞くことに
専念

POINT 2
夕食作りで
食育&お手伝いの
練習を

POINT 3
寝る前に
洗濯物を一緒に
たたむ

POINT 4
意外と
シッターのほうが
寝てくれる?!

共働き家庭でのシッティングのパターンとして多いのが、保育園や幼稚園のお迎えから、夜の寝かしつけまでをお願いする……というもの。

いつもは遅くまで寝ようとしない子どもたちでも、人気シッターの手にかかればあら不思議！ パパやママが帰宅する頃にはすやすや夢の中、ということも少なくありません。

このようなとき、人気シッターたちがどのように過ごしているのかを聞いてみました。

point
1
お迎え時は話を聞くことに専念

4歳以上の幼児期のお子さんは特に、話を聞いてほしいという気持ちが強い子が多いので、一緒に歩きながらじっくり話を聞いてあげることが多いです。（逢坂さん）

point
2
夕食作りで食育&お手伝いの練習を

火を使わせることはできませんが、ちょっとした盛りつけを手伝うだけで自信がつき、大きくなってからのお手伝い習慣につながります。簡単なことでも、一緒に取り組むことで達成感が生まれ、食育にもつながります。ママへの一品プレゼントなども喜ばれますよ。（表さん）

point
3
寝る前に洗濯物を一緒にたたむ

お風呂後の時間はあまり興奮させず、ゆっくり過ごしたいもの。そういうときには洗濯物を一緒にたたんだりするのもおすすめ。ママがやることを真似するのはうれしい経験なので、意外とすんなり手伝ってくれると思います。（表さん）

point
4
意外とシッターのほうが寝てくれる?!

いつもなかなか寝られないお子さんも、シッティングのときは比較的すぐに寝てくれる子が多いです。まだあそびたい、おしゃべりしたいという気持ちには寄り添いつつ、『寝る時間だよ』とひたすら伝えて暗くすることでほとんどのお子さんがあきらめて寝てくれます（笑）。（逢坂さん）

＼シッティングのタイムテーブル／

パターン② 朝から夕方まで1日

TIMETABLE

9:00	家でシッティング開始
9:30	公園にお散歩
10:30	帰宅、着替え
11:00	昼食
12:00	室内あそび
13:00	お昼寝
15:00	おやつ
15:30	室内あそび
17:00	シッティング終了

POINT 1
お散歩で
リフレッシュ！

POINT 2
楽しく食べる
雰囲気づくり

POINT 3
シッターも
全力で
あそびます

POINT 4
得意なことを
思いっきり
褒める

朝から夕方までお預かりするシッティングプランももちろんあります。

いつもの生活リズムを大切にタイムテーブルを組みつつ、お子さんの様子を見ながら柔軟に対応していきます。

おうちの人と離れる寂しさで泣いてしまっても、シッティング終了時には「まだあそびたかった」と残念そうにしているお子さんがとても多く、それが励みの一つにもなっているんだとか。

お子さんだけでなくご家族の方も安心できる、1日の過ごし方について聞きました。

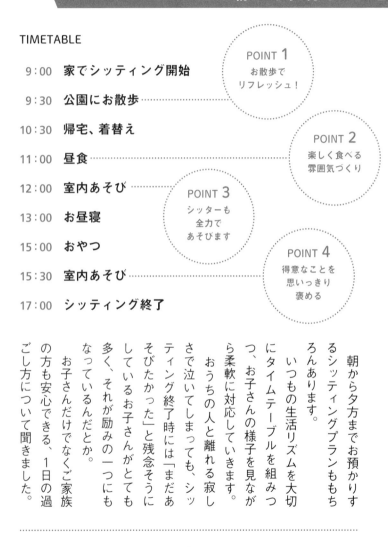

point

1

お散歩でリフレッシュ！

初めてのシッティングのときなど、お互いに緊張しているときは思い切ってお散歩へ！ 体力がある子だと午前中に3時間くらいあそぶことも。気分が切り替わってその後のシッティングもスムーズに。

（小林さん）

point

2

楽しく食べる雰囲気づくり

ごはんやおやつの時間は、食べた量などに気が向きがちですが、私は「楽しく食べる雰囲気」も大切にしています。簡単な準備をお手伝いしてもらったり、おやつをかわいく並べたり。いかに楽しく食べてもらうかが、私たちの腕の見せドコロ！（日高さん）

point

3

シッターも全力であそびます

とにかく私も全力であそび、一緒に楽しむことを心がけています。そうすることで、お子さんは「この人はぼく（わたし）のことが大好きなんだ」と感じてくれるので、信頼関係をつくれます。「お子さんに安心して過ごしてもらうためには……」がすべての始まりだと思っています。（小林さん）

point

4

得意なことを思いっきり褒める

あそびの内容はお子さんに何がしたいかを聞いて、やりたいことややってみたいことを優先させるように心がけています。自然と本人の得意なことをリクエストするので、ここぞとばかりに褒めまくります（笑）。

（小林さん）

＼シッティングのタイムテーブル／

パターン③ コト体験！ シッターとお出かけ

TIMETABLE

9:00	家でシッティング開始	
9:30	お出かけ準備	POINT 1 お出かけの準備はお子さんも一緒に！
10:00	電車に乗って水族館へ	POINT 2 「お約束」と「行き先」を確認
11:00	水族館に到着！	POINT 3 お子さんの興味に合わせて行動
12:00	お弁当タイム	
12:30	館内・ショー見学	POINT 4 周りの人に注意してねと声がけ
15:00	電車で帰宅	
16:00	シッティング終了	

最近増えているのが、自宅での託児ではなく、シッターと一緒にお出かけをしてもらうという「コト体験」プラン。

外出先は大型公園、動物園、水族館、「ディズニーランドなどのアミューズメントパークはもちろんのこと、シッターと一緒にお買い物に行きたい！」というオーダーもあるのだとか。

お子さんの成長に伴って、挑戦してみたいことのレパートリーも増えてきます。

さまざまなリクエストに、人気シッターはどう対応しているのでしょうか？

point
1
お出かけの準備はお子さんも一緒に!

行き先が近所の公園でも、小さな頃からお出かけの準備を一緒にします。2歳くらいになったらオムツや着替え、持っていきたいおもちゃなども自分で選べます。基本的にはリュックサックにまとめて自分で持ってもらいます。多すぎたら相談して減らすように。この繰り返しで、少しずつ、身の回りのことを自分でできるようになりますよ。(小林さん)

point
2
「お約束」と「行き先」を確認

出かける前に「おててをつないで歩く」などの約束や、行き先の確認をします。そうすることで先を見通せるようになり、お子さんが安心して楽しんでくれます。(日高さん)

point
3
お子さんの興味に合わせて行動

初めての場所などでは何をしてあそぶか提案はしますが、基本的にはお子さんが興味を持ったことや場所に時間を使うように心がけています。お子さん自身が、興味のあるものを見つけて自分から動いていくのが理想です。

(逢坂さん)

point
4
周りの人に注意してねと声がけ

移動中に最優先しているのは当然、安全配慮です。事故に遭わないよう注意し、迷子にならないように気をつけるほか、人の多い道や場所では周りの人にぶつからないように、迷惑にならないように、と声がけします。(逢坂さん)

第8章

シッターのチェックリスト

大人気シッターが
シッティングの際にチェックしている
ポイントを3つのリストにまとめました。
お子さんを預ける・預かるときにも
活用できる項目ばかり。
この内容をもとに、パパやママの
頭の中にあるチェックリストも
書き出してみると、
お子さんを預けるときの引き継ぎが
ぐっとラクになるかも！

お互いに気持ち良く過ごすために！ 預けるときの引き継ぎポイント〈基本編〉

いざお子さんを預けるとなったとき、あわてたくないですよね。
シッターたちの普段のチェックポイントから、
事前にやっておくべきことを確認しましょう。

シッターに預けるにしても、じいじやばあばに預けるにしても、お互い安心できるように、しっかり引き継ぎしたいもの。普段からシッターが確認していることを参考に、見ていきましょう。

必ず伝えるべきなのは、**アレルギーや持病の有無**。それに加え、食事などの基本的な注意点も確認します。

引き継ぎリスト

- ☐ アレルギーや持病の有無
- ☐ 母乳かミルクか
- ☐ お子さんの体調
- ☐ 食器や着替えの場所
- ☐ 入ってほしくない部屋

おうちの確認!

- ☐ 子どもにとって危険なもの
- ☐ ドアや窓の施錠

新生児でいつも母乳を飲んでいる場合は、事前に冷凍母乳を用意したり、哺乳瓶の練習をしておいたほうがいいかもしれません。

　さらに、**お子さんの体調面**などで、気になることはできるだけ情報共有しましょう。

　食器や着替え、保険証、体温計など必要なものが置いてある場所も引き継ぎします。

　あとは、**入っていい部屋と入らないでほしい部屋**も、明確に。

　シッターにお子さんを預けるからといって、「すべての部屋を片づけておかなくちゃ！」などと気負う必要はありません。


　とはいえ、シッティング中やお預け中もお子さんが安全に過ごせるように、気をつけておきたいことはあります。

　ラップの芯に入る大きさのものは、子どもが飲み込めてしまうので誤飲の危険があります。

　長い棒、ひびの入ったもの、破損していたり角がとがっていたりするものも、危ないので念のため脇によけておきます。

　後追いの始まっているお子さんの場合は、「少し目を離したすきにお外へ出て行ってしまった」などということのないよう、**ドアや窓の施錠なども確認**しましょう。

お子さんが楽しく過ごすために！預けるときの引き継ぎポイント〈過ごし方編〉

お子さんの普段の過ごし方は、家庭によってさまざま。
シッターたちのチェックポイントから、
過ごし方の引き継ぎ事項を確認しましょう。

シッターたちは、お子さんが楽しく過ごせるように、シッティング開始前にいろいろなことを確認します。それを参考に、お子さんを預ける際に伝えておきたいことを見ていきましょう。

まずは、**その日に何をして過ごしてほしいか**を伝えます。お散歩してほしいのか、工作などであそんでほしいのか、食事を一緒に作ってほし

引き継ぎリスト

- [ ] 何をして過ごしてほしいのか
- [ ] お子さんの好きなあそび
- [ ] お子さんの性格
- [ ] テレビなどに関する方針
- [ ] 普段の寝かしつけ方
- [ ] 子育ての方針

いのか。もちろんお子さん本人に任せるのでもかまいません。1日のルーティンが決まっているなら、およそのタイムスケジュールを伝えるとお子さんも安心ですね。

それから、**お子さんが好きなあそびや、今ハマっていること**なども伝えます。あらかじめ聞いておいて、それに合わせて手作りのおもちゃや絵本、工作グッズなどを持参するシッターもいます。

お子さんの性格や傾向も伝えておきましょう。どんなことで機嫌が良くなったり悪くなったりするか。どんな癖があるか。事前に把握できると、預かる側は安心です。

テレビやタブレット、ゲームに関する方針も明確にしておきます。一切さわらせないのか、お子さんが希望するなら認めてもいいのか、認めるなら何時間までなのか。ご家庭によって方針はさまざまです。

それから、寝かしつけまでやってもらうなら、**いつも何時頃に就寝しているのか、寝るときは絵本を読むのか、安心するグッズがあるのか、部屋を暗くするのか**、なども引き継ぎしておきます。

シッターによっては、子育ての方針として、**叱らない子育て**をしている、**食事をフーフーしない**ようにしている、**あそんだら片づけまできちんと**やらせている、といったことまでヒアリングしています。

持ち物リスト

- [ ] 抱っこひも・おんぶひも
- [ ] 衛生用品
- [ ] 絵本、紙芝居
- [ ] 着替え
- [ ] 工作グッズ
- [ ] シャボン玉
- [ ] 風船

人気シッターの7つ道具！シッティング時にあると活躍するものは？

人気シッターの「カバンの中身」を大調査。

身軽なシッターからカバンがぎっしりのシッターまでさまざまですが、特にリクエストがなくても持参するものを紹介します。

＊抱っこひも・おんぶひも
使い慣れたものを持っていくというシッターが多く見られました。

＊衛生用品
ウェットティッシュ、医療用手袋、ビニール袋、ティッシュ、タオル、マスク、ばんそうこう、介護用体ふきなど、急な体調の変化にも対応できるようにひと通り持参するシッターも。

＊絵本、紙芝居

シッティングするお子さんの年齢に合わせて。紙芝居は複数のお子さんのシッティング時に便利だそう。

＊着替え

シッター自身の着替えです。外出先で汚れた場合に着替えるだけでなく、お子さんの吐き戻し等にも対応するためだそうです。

＊工作グッズ

折り紙、自由画帳、ペン、クレヨン、シール、色鉛筆、画用紙、ハサミ、セロハンテープなど。リクエストがあれば、粘土や色水あそびの用意をすることも！

＊シャボン玉

たくさんのシッターから声が上がったのが、シャボン玉。お部屋の窓から外に向かって飛ばしたり、公園で使ったり。お風呂ぎらいな子も、これで誘導できるそうです。

＊風船

年代を問わずにいろいろなあそび方ができる風船。複数のシッターが持ち物リストに入れていました。「新生児の場合、おうちの人に許可を得て天井からぶら下げます」という声も。ゆらゆらゆれる風船に赤ちゃんは夢中になるそうですよ。

Column

大人気シッターに聞く！③

家事をあそびに変えるワザ

お子さんの自信と自立につながる「お手伝い」。もっと楽しくする秘訣を人気シッターが教えてくれました。

シッターが対応するのは、おもちゃや遊具を使ったあそびだけではありません。

子どもも大人もうれしいあそび、それは「お手伝い」！

人気シッターは、お子さんたちの「できた！」の笑顔をつくりながら、依頼されたちょっとした家事をこなすこともあります。

まず、子どもたちの一番人気は「食事の準備」。火や包丁を使わなくても、興味津々！

- 材料を洗う、プチトマトなどのヘタをとる、レタスをちぎる、などは1歳半くらいから
- 計量カップなどで調味料をはかる、混ぜるのも大好き
- 3歳くらいになったら、目玉焼きなど簡単なメニューなら一緒に

続いては「配膳」。

食器棚から取り皿やカトラリーを出してテーブルに並べたり、できあがった料理を盛りつけて運んだり。

運ぶのが危ない場合は、大人がテーブルまで運びます。「並べる」だけでも立派なお手伝い！
・ごはんの茶碗は左、お椀は右に置く
・おはしの向きを確認（はし置きを左に、はしの頭が右になるように置く）
・大皿などはみんながとりやすい位置に置く
・小皿やコップなどはそれぞれの座る位置に並べる
洗濯物たたみだって、人気シッターの手にかかれば楽しい時間に変身します。
・最初はタオルなど、簡単なものから
・「この角とこの角を、ぴったんこ」など、声をかけてあげて
・せっかくなら家庭の収納に合わせたたたみ方を覚えられるように。たたみ直しがなくなり、家事の即戦力に！
いずれも、手伝ってくれたら「ありがとう」を忘れずに。

小さなことでも自信につながり「またやってみたい」というモチベーションになります。

おわりに

たくさんラクして、たくさん笑おう

本書の中でふれなかったことがあります。それは、今回登場したほとんどのシッターが「その子によってちがうので、お子さんの様子をまずはしっかり見ます」と話していたこと。

子どもも親も、性格や素質は十人十色。きょうだいで傾向がちがうのだって当たり前。だからこそ、あえていろいろな人の意見やアイデアを載せるようにしました。

子どもの成長はあっという間。

「昨日まで通用したことがなぜか今日はうまくいかない」

「上の子のときはこんなことなかったのに……」

ということもたくさんありますよね。

そんなとき、これがダメならこうしてみよう、と柔軟にいろいろなアイデアを試してみることができたら、子育てはもっとおもしろく、楽しめるものになるかもしれません。

「なんだか最近、ネタ切れだなぁ」

「ちょっと疲れ気味だなぁ」

と思ったら、またぜひこの本に戻ってきてもらえたらうれしいです。


大切なのは、「その子に合うものを見つけるプロセス」。それがたった1日のシッティングであっても、毎日の育児であっても本質はきっと変わらないのではないでしょうか。いろいろなやり方を試していきながら、大人も子どもも楽しく、ラクに暮らせるやり方を見つけていく。そのプロセスを通じて、私たちはきっと、子どもや自分自身をより深く理解していけるのだと思います。


そして、理由を問わず、どんなときでも気軽にシッターに力を貸してもらってくださいね。

おうちの人の笑顔が、お子さんたちの心にとっては何よりの栄養。

明日もまた子どもたちににっこり笑いかけることができるように、大人も肩の力を抜いて、たまにはのんびり過ごしましょう。

イラスト
はらぐち あつこ
ブックデザイン
albireo
編集協力
青柳 真紗美
DTP
BUCH＋

カリスマシッターが教える
〝困ったとき〟の
育児ワザ
寝ない子もぐずる子もおまかせ！

2020年11月11日 初版第1刷発行

編集
育児《いくじ》サポートを考《かんが》える会《かい》

発行人
佐々木 幹夫

発行所
株式会社翔泳社
（https://www.shoeisha.co.jp）

印刷・製本
日経印刷株式会社

本書へのお問い合わせについては、11ページに記載の内容をお読みください。
造本には細心の注意を払っておりますが、万一、乱丁（ページの順序違い）や
落丁（ページ の抜け）がございましたら、お取り替えいたします。
03-5362-3705 までご連絡ください。

ISBN978-4-7981-6467-0
Printed in Japan